Claudia Willms

Sprayer im White Cube

Claudia Willms

Sprayer im White Cube

Streetart zwischen Alltagskultur und kommerzieller Kunst

Tectum Verlag

Claudia Willms

Sprayer im White Cube.
Streetart zwischen Alltagskultur und kommerzieller Kunst

ISBN: 978-3-8288-2473-7

Besuchen Sie uns im Internet
www.tectum-verlag.de

Bibliografische Informationen der Deutschen Nationalbibliothek
Die Deutsche Nationalbibliothek verzeichnet diese Publikation in der Deutschen Nationalbibliografie; detaillierte bibliografische Angaben sind im Internet über http://dnb.ddb.de abrufbar.

Danksagung

Zuerst möchte ich mich bei Professor Dr. Heinz Schilling bedanken, der mir bei dieser Arbeit die notwendige Unterstützung und die ebenso notwendigen Freiheiten garantiert hat und der mein Studium mit genau der richtigen Mischung aus Intellektualismus, Bescheidenheit und Humor seit meinem Projektstudium begleitet hat.

Natürlich gilt mein besonderer Dank den Streetartisten, deren Arbeit und Wirken meine Auseinandersetzung inspiriert hat. Ich denke dabei an meine Interviewpartner und deren Umfeld, an all jene, die gerne bereit waren, mit mir ihre Welten zu teilen.

Vor allen Dingen danke ich natürlich meinen Eltern für einen großartigen Allround-Support, den sie mir täglich und uneingeschränkt schenken.

Zuletzt möchte ich mich auch beim Tectum-Verlag bedanken, dass sie mir die Möglichkeit geben, mein Buch zu veröffentlichen.

Inhaltsverzeichnis

1 Begegnungen

Ich betrete einen Hinterhof: der Geruch von Aerosol schlägt mir entgegen, ich sehe schwarz-weiße Kontraste und Figuren mit goldenen Outlines an der Wand, davor junge Männer mit Spraydosen, alle gekleidet in schwarze Kapuzen-Pullover... Das Gefühl der Illegalität und Eile überkommt mich hier jedoch trotzdem nicht: denn um die Sprayer herum ist ein junges Kunstpublikum versammelt, trinkt Bier und tauscht sich fachmännisch über die Techniken der Spray-Art, die einzelnen Künstler-Biografien und die Farbgebung der Kunstwerke aus. Die Aktion ist Teil einer Kunstausstellung, einer Ausstellung zum Thema Streetart... (Feldtagebuch 2007)

Mit dem Zug fahre ich zur Ausstellungseröffnung nach Düsseldorf und bewege mich dort als gewöhnliche Besucherin[1] mit einem Fotoapparat ausgestattet durch die verschiedenen Räumlichkeiten und den öffentlichen Stadtraum. Ich habe mich per Email bei der *beyond streetart* (über Streetart hinaus) - Ausstellung angekündigt und vorab die Veranstalter um ein Interview gebeten, habe jedoch keine konkrete Verabredung. Also laufe ich zunächst mit zwei jungen Männern aus Mönchengladbach, die ich vor der Eröffnung nach dem Weg gefragt habe, durch die Ausstellung. In meinem Feldtagebuch beschreibe ich den weiteren Verlauf des Abends:

> Die beiden Mönchengladbacher machen eine Ausbildung in Mediendesign und hätten darum ein gesteigertes Interesse an Streetart, wie sie mir erfreut erzählen. Obwohl: ihrer Meinung nach gäbe es einen signifikanten Unterschied zwischen 'print' und dem Zeug, was im Computer bleibt, also reinem Webdesign. Sie hätten letztens tatsächlich schon länger darüber diskutiert, was sie besser finden würden und wo sie sich eher verorten... Ach: Ob ich wüsste, dass Düsseldorf neben New York die einzige Stadt gewesen sei, die das System gesprengt habe? Mhh, System gesprengt? Ja, indem es nämlich eine Zeit gegeben hätte, berichten mir die beiden, in der nur mehr bemalte Züge durch die Stadt gerollt seien und es gar keine nicht-bemalten zum Auswechseln mehr gegeben hätte... Wir drei schauen uns gemeinsam die Ausstellung an, besuchen die fünf verschiedenen Galerien, die alle um ein begrüntes Straßendreieck im hippen künstlerisch-studentischen Stadtteil Flingern mitten in Düsseldorf gelegen sind. In der zentralen Galerie, der Galerie Revolver, stellen der als 'Sprayer von Zürich' bekannt gewordene Harald Naegeli, die brasilianische Künstlerin Nina und die zwei Künstler-Zwillinge mit dem Namen Os Gêmeos aus São Paulo aus. In der Siebdruckwerkstatt zwei Straßen weiter gibt es bunte Malereien auf Boden und Fens-

> terscheibe von Cyop & Kaf, zwei Künstlern aus Neapel. In einem Raum im Souterrain finden sich die Arbeiten des Stockholmer Breakdancers Nug, in einer Einfahrt vollendet der Berliner Sprayer Richard Schwarz gerade sein Werk, ihm gegenüber eine Figur von Honet aus Paris und in einer letzten, hellblau gestrichenen Galerie werden noch einige Bilder gehängt und ein Video zum Laufen gebracht. Wir BesucherInnen haben auch unterwegs ständig offene Augen für die Umgebung und reden über das, was wir an Kunst sehen und entdecken, auch wenn es sich um interessante Schattenbilder handelt, die die untergehende Sonne in ein leeres Geschäft wirft. Dann gibt es zur offiziellen Eröffnung in der Galerie Revolver eine Spoken-Word-Performance und einen gezupften Kontrabass zur elektronischen Musik. Im Hinterraum werden Buttons, Bier und Bionade verkauft, außerdem der Katalog zur Ausstellung. Es ist Samstag Nacht, die jungen Ausstellungsgäste bevölkern die Kopfsteinpflaster-Straße, stehen in Grüppchen vor der Galerie, und man kann angeregten Diskussionen lauschen. Die einzelnen Autos haben es schwer, hier durchzukommen. Ich rede kurz mit einem der Veranstalter, mit Christian, mit dem ich im Vorhinein gemailt hatte, der selbst aus der Graffiti-Szene[2] kommt - was mir ein Journalist berichtet, während wir auf ihn warten. Christian und ich verabreden einen Termin für den nächsten Tag. Denn Zeit hat er tatsächlich keine an diesem Abend, wie er mir ja bereits per Email angekündigt hatte. Trotzdem schafft er es zu sagen: 'Schön, dass du von so weit gekommen bist...' Meine Begleiter finde ich nicht wieder - wahrscheinlich sind sie schon auf dem Weg zurück nach Mönchengladbach. Und ich: stecke das Aufnahmegerät und den Fotoapparat weg, denn die Party beginnt... (Notizen aus meinem Feldtagebuch)

Mein erstes Interesse an Streetart hat vor einigen Jahren ein farbenfrohes Mosaik an einer Hauswand in Paris geweckt. Sofort entstanden in mir zahlreiche Fragen, die mir erstmal niemand beantworten konnte. Danach, wer diese Zeichen dort oben an der Wand angebracht habe. Und: warum das jemand tut? Ob es im Auftrag geschieht? Ob derjenige mit einer Leiter unterwegs ist? Ob ihn jemand bezahlt, oder die Hausbesitzer ihn darum gebeten haben? ...weil das Mosaik doch so schön und bunt ist und gute Laune verbreitet. Beim weiteren Spazieren durch die Stadt erwischte ich immer mehr solcher Space Invader - kleine Ufos, die aus Computerspielen vergangener Zeiten ausgebrochen zu sein schienen, zusammengesetzt aus farbigen Mosaiksteinchen, die wie überdimensionierte Pixel wirkten. Von dieser Stadtbegehung sind mir in erster Linie jene Bilder in Erinnerung geblieben, und mit ihnen die Orte, an denen sie angebracht waren - begleitet von den allgemeinen und weltweit bekannten Bildern, die so typisch wie auch austauschbar für die französische Hauptstadt sind: die Cafés, die Wege entlang der Seine, der Eiffelturm, die pittoresken Straßenzüge... Ich hatte das Gefühl, durch die Bilder am Straßenrand ein konkretes, persönliches, alltägliches Paris kennen gelernt zu haben. Dieser Zugang zur Stadt fühlte sich besonders an: es war wie einer der Momente, in dem man einen Blick durch ein Loch in der Wand erhascht und damit eine ganz neue Perspektive erhält...

Meine Augen waren von da an für alle Formen von Straßenkunst geöffnet! Auch, wenn man in vielen Städten eher suchen muss, anstatt von den Bildern gefunden zu werden. In meiner Stadt, Frankfurt am Main, nahm ich hauptsächlich die Arbeiten von 'the city loves you' wahr. Ein für mich weniger ästhetisches Experiment als vielmehr ein bedeutungsvoller Satz, der sich mir einprägte, umso mehr, weil gerade Frankfurt zunächst nicht als die Stadt erscheint, die ihre Menschen liebt. Aber: wenn sich ein Mensch soviel Mühe macht, diese Botschaft mit unzähligen bedruckten Plakaten in meinen Alltag zu integrieren, so fängt sie doch an, zu wirken...

Auf dem Fusion-Festival[3] kam ich dann zufällig in Kontakt mit einer Streetart-Aktivistin. Eine Frau mit lustigen blonden Locken baute sich mit ihrem T-Shirt-Druck-Stand mitten auf dem Underground-Outdoor-Floor neben mir auf. Als ich mitbekam, dass sie ihre T-Shirts, nachdem sie sie liebevoll auf Kleiderhaken an einer Leiter drapiert hatte, an die interessierten Festivalbesucher und -besucherinnen verschenkte statt sie zu verkaufen, fragte ich sie nach ihrer Motivation und wir kamen ins Gespräch. Die T-Shirts waren bedruckt mit kleinen grafischen Figuren, die mal diskutierend, mal mit Krönchen auf dem Kopf, mal auf Platz Nummer Eins stehend, auf den Stoff aufgebügelt wurden. Theklas Werkzeuge waren an diesem Tag ein Bügeleisen und ein Bügeltisch. Leute kamen, schauten in ihre Kiste mit den vorgefertigten Bügelbildchen, redeten über ihre Eindrücke, suchten sich was aus, legten ihre Klamotte auf das Bügelbrett, und schwups, waren die Figuren auf ihre Kleidung übergegangen. Manche spendeten etwas Geld, andere nicht. Und, unglaublich, was für eine Freude ausgelöst werden kann, wenn etwas ohne kommerziellen Hintergedanken produziert und verschenkt wird – etwas Persönliches, Selbstangefertigtes und doch Professionelles. Im Gespräch erfuhr ich dann zum ersten Mal von einer Akteurin selbst, wie Streetart (mit der sie ihre Aktion und ihre sonstigen Streetart-Aktivitäten, von denen sie mir erzählte, in Verbindung setzt) funktioniert und was diese Kunstform für die MacherInnen bedeutet. Thekla ist eine Werbedesignerin aus Hamburg und ist auch zufrieden mit ihrem Job. Das Durchführen von Streetart-Aktionen ist eine persönliche Leidenschaft und macht ihr einfach Spaß. Sie könne dabei das tun, worauf sie Lust hätte: ihre geliebten Figuren auf den Straßen der Städte aussetzen; an Wänden, auf T-Shirts, Streichholzschachteln oder etlichen anderen möglichen Wegen. Glücklich laufe ich mit meinem bedruckten T-Shirt über das Festival-Gelände und denke über diese faszinierende Auseinandersetzung mit der städtischen Umwelt nach.

2 Einleitung

Geistige Gebilde kulturindustriellen Stils sind nicht länger auch Waren, sondern sie sind es durch und durch. (Adorno 1968, 62)

Streetart: das sind künstlerische Objekte, die im öffentlichen Raum angebracht werden. Meist handelt es sich um mit einer Spraydose aufgetragene Schablonen-Motive, um plakatierte Bilder oder gesprühte, gemalte, geklebte, getapte Figuren auf Verkehrsschildern, Wänden, Straßenlaternen, Stromkästen etc. Es gibt jedoch, wie schon meine ersten Begegnungen mit Streetart erahnen lassen, eine enorme Spannbreite und unendlich viele kreative Variationen von Streetart.

Das Thema ist mittlerweile gesellschaftlich relevant geworden. Frank Schirrmacher schreibt als Mitherausgeber der Frankfurter Allgemeinen Zeitung über den Streetartisten Banksy und vergleicht dessen Kunst mit der von Andy Warhol oder Roy Lichtenstein (Schirrmacher 2007). Im deutschen Art-Magazin erscheinen die Artikel *Galerie der Gegenwart* (Kito 2006) und *Künstler auf der Flucht* (Kito 2007). Banksy selbst bringt 2005 einen Sammel-Band seiner Kunst heraus, genauso, wie es eine wahre Flut an (auch wissenschaftlichen) Büchern, Videos, Ausstellungen und Merchandise-Artikeln gibt. In großen Auktionshäusern verkaufen sich zunehmend Leinwände und Werke von Streetartisten[4]. Der Pariser Künstler André hat mit seiner Streetart genügend Geld verdient, um nun schon seinen zweiten Club in Paris zu eröffnen[5]. Man kann seinem Streetart-Character, dem Monsieur A.(ndré), der eine Adaption der französischer Kinderbuch-Kultfiguren Les Shadoks darstellt, und vielen anderen Streetart-Figuren und -Styles, sowohl auf der Straße als auch in Geschäften, auf Handys, in Zeitschriften, auf Turnschuhen, T-Shirts, Skateboards und Kunstausstellungen begegnen.

Bildbeispiele

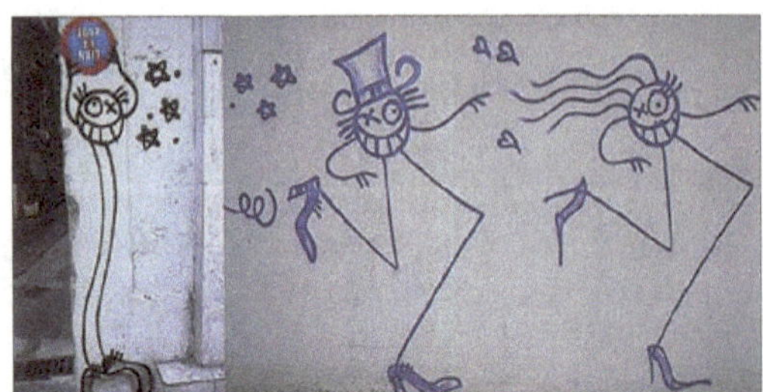

Monsieur A. in den Straßen von Paris

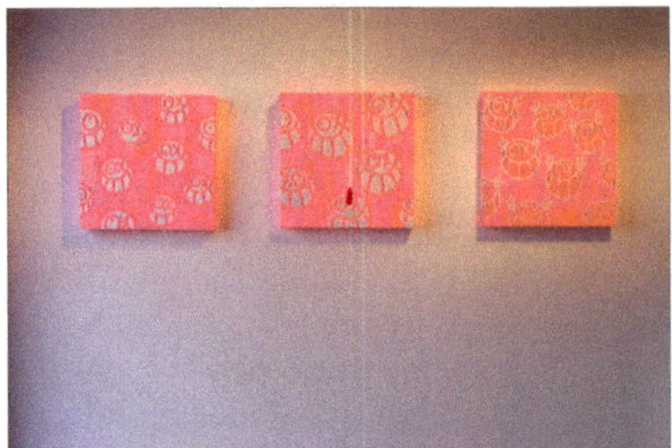

Monsieur A. in einer Galerie in Berlin Mitte

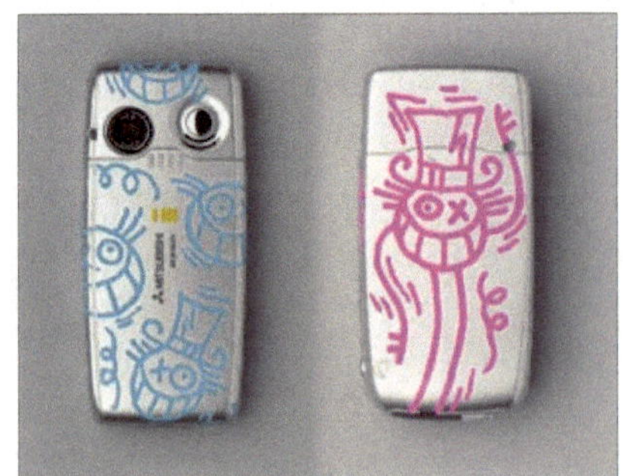

Monsieur A. auf Handys

Vereinnahmung?

In meiner Arbeit geht es um die Verhandlung des Verhältnisses von Kreativität und Kulturindustrie. Ich betrachte darin die Etablierung einer kreativen Praxis im (westlichen[6]) Kunstfeld. Ebenso geht es um die Frage, was mit einer kulturellen Praxis geschieht, die von der Industrie für die trendige Vermarktung von Produkten verwendet wird (vgl. Reinecke 2007, 157). Die Streetart bewegt sich innerhalb und zwischen den Sphären der Subkultur, der Kunst und des Kommerzes. Nun könnte man auf die Idee kommen, dass zunächst Straßenkunst eine (rein) kulturelle/kreative Tätigkeit darstellt, die frei von jeder Warenlogik entsteht, und die dann mit der Zeit aus dem Untergrund in die Hochkultur *aufsteigt*. Aus der Perspektive eines Graffiti-Monographisten aus den 80er Jahren stellt sich die Kommerzialisierung wie folgt dar:

> In jüngster Zeit wurde ein Teil der Graffiti-Kultur domestiziert und in die Galerien geholt. 'High-Graffiti' als Weiterverarbeitung von Street Graffiti, ein aufgestiegenes Kulturgut, bezieht allgemein seine Originalität aus der Verbindung von Ornamenten und Zitaten, die in subjektiver Freizügigkeit unterschiedliche kulturelle Ebenen und ethnischen Kulturen miteinander verknüpfen. Für diesen subjektiven Umgang mit Kulturgeschichte bietet sich geradezu der Begriff des Postmodernismus an. Mit dem Eintreten der Graffiti in den kommerziellen Kunstbetrieb ging ein Großteil ihrer ungebändigten Kraft verloren. Die Kunst des Untergrunds wurde in den Hallen der etablierten Kunst entschärft. Die 'Wilden Zeichen' werden sich aber nie aus den Städten verdrängen lassen, denn Graffiti ist in erster Linie provozierende Street Art und nicht Kunst, die fürs Museum gedacht und gemacht ist. (Suter 1994, 163f)

Dieses Zitat stammt noch aus der ersten Auflage des Buches *Graffiti – Rebellion der Zeichen*. Sechs Jahre später, 1994, beklagt der Autor Beat Suter im Vorwort zur dritten Auflage, dass die Werbung „schon nach kurzer Zeit die 'Verständigungsformen' der Graffiti für ihre Zwecke" adaptiert habe und dass der berühmte Sprayer von Zürich, gemeint ist Harald Naegeli, „heute in einem Möbelgeschäft im Auftrag Motive auf Wandschränke" sprayen würde (ebd., 3). Ich werde mich in meiner Arbeit besonders mit der behaupteten Entschärfung („Bändigung") der Streetart durch die Einbettung in die Institution Kunst, also in die Gesamtheit von Institutionen, Bedeutungen und Regeln des Kunstfeldes (vgl. Bürger 1974, 7ff), beschäftigen. Welches Verständnis von Gesellschaft steckt in einer solchen Aussage und welche kulturellen Annahmen sind in dieser weit verbreiteten Auffassung enthalten?

Die Sutersche Argumentationsfigur der Entmächtigung oder Vereinnahmung, wie ich sie im Folgenden nennen möchte, wird uns, auch unter anderen Namen, im Laufe der Untersuchung von Streetart und ihrer Etablierung im Kunstfeld immer wieder begegnen. Um die These zu diskutieren, bedarf es zunächst einiger Begriffsklärungen.

Der Begriff der Postmoderne

Suter behauptet, dass sich der Begriff des Postmodernismus für „jenen Stilmix aus Zitaten und Ornamenten und dem subjektiven Umgang mit Kulturgeschichte" anbieten würde. Wenn ich von einer postmodernen Subkultur spreche, so möchte ich damit allerdings zweierlei zum Ausdruck bringen.

Erstens: Ja, Stilmix ist Teil der postmodernen Kultur. „Postmoderne Tendenzen oder Phänomene liegen dort vor, wo eine grundsätzliche Pluralität ins Blickfeld rückt, anerkannt und ausgetragen wird". Diese „Radikale Pluralität" würde die „Elementarzonen der Selbstorganisation" der Subjekte betreffen und an die Substanz der gesellschaftlichen Basisfragen vordringen (Welsch 1990, 244f).

Zurück zur Kunst: Analog stehe hierin nicht mehr die Innovation (des modernen Fortschrittsgedankens) im Mittelpunkt des künstlerischen Interesses und Schaffens, sondern die Rekombination und Neuanwendung bereits vorhandener Ideen (vgl. Welsch 1990). Die Postmoderne ist die konsequente Weiterführung der Moderne in Form des zitathaften (Re-) Mixes aus Zeichen und Stilen der Vergangenheit. Stile umfassen alle Formen des ästhetischen Ausdrucks: von Musik über Mode bis hin zu Gesten und Haltungen[7].

Zu den signifikanten Merkmalen des Stilmixes und der Rekombination (Hybridität[8]), der Radikalen Pluralität, der Hinwendung zum ästhetischen Denken usw. kommt meines Erachtens ein bedeutsames Merkmal hinzu, welches das in dialektische Prozesse eingebundene Fundament dieses Paradigmenwechsels bildet. Eine postmoderne Subkultur wie die Streetart zeichnet sich, und damit zweitens, durch ein weiteres Merkmal aus: nicht die vehemente Abkehr vom kommerziellen Sektor ist zentral, sondern der bewusste Einbezug der Kommerzialisierung und die Reflexion der eigenen Eingebundenheit in kapitalistische Verhältnisse ist scheinbar Teil einer postmodernen Weltanschauung. Die Essenz der Kulturindustrie[9], die gegenseitige Durchdringung der kommerziellen und der lebensweltlichen Sphären, wird meiner Meinung nach von Seiten der Streetartisten raffiniert in ihr Handeln eingebunden und nutzbar gemacht. Die daraus resultierende Haltung (die als unkritisch verurteilt werden könnte und mitunter auch wird) kann natürlich mit dem „Verlust eines emphatischen Glaubens an eine alternative Zukunft" (Huyssen 1989, 16) und dem Abschied von „Globalkonzepten, Totalkonstruktionen und universalistischen Heilserwartungen" (Welsch 1990, 245) zusammenhängen.

In dem Schwanken der Subjekte zwischen Affirmation und Widerstand verschwindet die klare Einteilung in die authentische Street-Graffiti-Kultur einerseits und dem aufgestiegenen, kommerzialisierten, gebändigten Kulturgut andererseits, wie Suter sie noch zu erkennen meinte.

> Kein starrer Gegensatz zwischen einem despotischen Mainstream und geschützten Subkultur-Enklaven besteht hier, sondern eine Vielzahl anti-hierarchischer Begehrensartikulationen gegen Kontrolle, Disziplinierung, soziale Segmentierungen. Artikulationen, die wiederum selbst konsequent Territorien besetzen und neustrukturieren (man denke an die Institutionalisierung von HipHop an amerikanischen Universitäten oder an Vivienne-Westwood-Kostüme im Wiener Burgtheater). (Höller 1997, 64[10])

In unserem Falle sind es Streetart-Kunstwerke im Wuppertaler Von der Heydt-Museum und Graffiti-Sprayart von Daim auf der Biennale[11].

Hervorheben möchte ich die Weltlichkeit einer jeden kulturellen Praxis: Jede Subkultur hat einen nicht bloß symbolischen Bezug zur Welt, sondern baut auf einem realen, weltlichen Boden und wird immer auch *sozial wirksam!* Das folgende Beispiel, welches in Bezug auf den Musikstil und die Kultur des Techno formuliert wurde, können wir mit der postmodernen Streetart-Subkultur in Vergleich setzen:

> Pop-Plateaus wie z.B. Techno oder die neue elektronische Musik hängen nicht bloß mit sound- oder aussehensmäßiger Distinktion zusammen, sondern immer auch mit weltlichen Dingen wie Label-betreiben, Leute-Ansprechen-Wollen, Organisationen aufbauen, Lebensentwürfen und Karriereplanungen, Gemeinschaftsentwürfen oder Beziehungen zum anderen und eigenen Geschlecht. Indem ein Musik- oder Subkulturstil über diverse Kanäle (Medien, Platten, Auftritte usw.) eine verstreute, brüchige Gemeinschaft konstruiert, wird er sozial wirksam. Vielleicht ist es gerade diese 'Weltlichkeit' einer populären Formation, die die damit verbundenen mikropolitischen Strömungen zu mehr als bloßen Lifestyle-Sortimenten und Zeichenfetischismen macht. (Höller 1997, 65f)

Nicht selten werden von Wissenschaftlern Überlegungen dahingehend angestellt, dass Subkulturen nurmehr (ob es je anders war, sei zunächst dahingestellt) in einem „konsumierbaren" (Lindner 1985, 207f) oder auch in einem lediglich „ästhetischen" Verhältnis (Behrens 2003, 29) zur Gesamtgesellschaft stehen. Die gerade definierte Weltlichkeit eines Feldes lässt Kultur- und SozialwissenschaftlerInnen das Phänomen Streetart, seine Akteure und die Beziehungen unter ihnen näher und akteurszentriert unter die Lupe nehmen. Ich werde in dieser Arbeit anhand von kulturanthropologischen Fragestellungen die weltlichen Auswüchse der postmodernen Streetart-Subkultur und deren Bedeutungen diskutieren. Dabei werden meine im Feld geführten Interviews Grundlage der Untersuchung und der Beantwortung der Fragestellung sein.

Zunächst jedoch weitere Begriffsklärungen: Die Prozesse der Ästhetisierung, der Romantisierung und der Kommerzialisierung übertrage ich aus den wissenschaftlichen Fachgebieten der Kunstgeschichte, der Ethnologie und der Soziologie und werde sie hier in folgendem Sinne in Bezug auf mein Thema verwenden.

- **Ästhetisierung** soll bedeuten, dass ein Objekt in einem ästhetischen Kontext betrachtet wird. Dieser Prozess findet beispielhaft in dem Moment statt, in dem Werke zu *Kunst*werken gemacht werden, indem sie in einem Ausstellungskontext aufgeführt werden. Die Ästhetisierung eines Stils funktioniert nach einer Logik der Hervorhebung und Anerkennung (Reinecke 2007, 129), d.h. sie wirkt durch Selektion und durch hegemoniale[12] Determination des ästhetisch Schönen ausschließend gegenüber anderen Werken. Ästhetisierung kann sowohl Wertschätzung als auch Geringschätzung bedeuten. So bemüht sich häufig die Werbung (vergeblich) um Ästhetisierung ihrer Werke (vgl. Reinecke 2007, 144f). Old-School-Graffiti dagegen bezieht seine Stärke gerade daraus, dass es sich nicht den ästhetischen Vorgaben einer bürgerlichen Gesellschaft unterordnen möchte (vgl. Baudrillard 1978).

- **Romantisierung** ist ein innerhalb der Ethnologie benutzter Fachbegriff für die Beschreibung einer einseitigen und reduzierten Betrachtungsweise. Indem in einer Darstellung einer fremden Gruppe (oder eines fremden Gegenstands) nur die positiven Elemente Beachtung erhalten, wird die Lebenswelt der Anderen romantisiert. Meist zeugt dies von einer kritischen Haltung der eigenen Gesellschaft gegenüber und kann darum in manchen Fällen mehr über den Menschen, der eine romantisierende Haltung annimmt, als über die beschriebene Gruppe aussagen. Innerhalb meines Feldes umschreibt der Begriff einen exotisierenden Blick auf die Subkultur, welche - ähnlich der Konstruktion des "Guten Wilden" in der Geschichte der Ethnologie (vgl. Kohl 1981) - als *unbelastet*, in diesem Falle von der Sphäre des Kommerzes, des Warentausches und der vereinnahmenden Gesamtgesellschaft, imaginiert wird.

- **Kommerzialisierung** ist ein Begriff, der die zunehmende Ausrichtung der gesellschaftlichen Verhältnisse auf eine Tauschwert-Logik beschreibt. Die Kommerzialisierung kann mit einzelnen Phänomenen, Feldern, Objekten usw. vor sich gehen. Die Kommerzialisierung von Lebensstilen ist seit den 1960er Jahren Thema wissenschaftlicher Untersuchungen. Bei mir steht dieser Begriff für die Verwendung von Stilen und Zeichen in einem Kontext von Vermarktung, vor allen Dingen innerhalb der Werbung und des Kunst-marktes. Im Feld selber hat sich für den Prozess der Kommerzialisierung der Begriff des *Sell Out* durchgesetzt, um den Ausverkauf eines Stils begrifflich entsprechend zu kennzeichnen.

Kunst als Ware

Die Kommerzialisierung macht ein Arbeitsprodukt zu einer marktgängigen Ware. Alles, was verkäuflich ist und einen Preis besitzt (z.B. auch Liebe oder Wählerstimmen), erscheint in der durch Geldverhältnisse bestimmten kapitalistischen Gesellschaft als Ware (vgl. Lexikon zur Soziologie 2007, 721). Kommodifizierung bezeichnet den „Übergang von auf Eigenverbrauch gerichteter Produktion zur Produktion für Märkte" (ebd. 342). Alle Produkte können zur Ware werden. In dem Moment, da jemand seine Kunst nicht mehr nur für sich (und nicht nur im Privaten) produziert, treten seine Werke in ein Gefüge ein, in der sie eine andere - und somit warenförmige - Bedeutung erhalten[13].

Die Frage, die uns die Streetart mit ihrem Vorstoß in das Feld der Kunst stellt, ist diejenige, ob sie den Ästhetisierungsprozess durchlaufen und in das Kunstfeld eintreten kann, ohne in ein warenförmiges Tauschverhältnis eingebunden zu werden. Ist Kunst immer Ware? Sind künstlerische Werke, bevor sie zur Ware werden, überhaupt schon Kunst? Ist Kommerzialisierung das Ende von freier Kunst?

Aufbau der Arbeit

Ich bin meinem Untersuchungsgegenstand näher gekommen, indem ich mich gezielt zu Streetart-Ausstellungen in Museen, Galerien und auch an alternative Ausstellungsorte innerhalb Deutschlands begeben habe. Unter anderem war ich während meiner Forschungsphase an den Vorbereitungen zur Backjumps-Ausstellung[14] in Berlin beteiligt. An den unterschiedlichen Ausstellungsorten traf ich auf eine bunte Mischung von Akteuren, von denen ausgehend ich mich sowohl mit den Kuratoren als auch mit den ausstellenden Künstlern und Künstlerinnen näher beschäftigte. Die Interviews mit den Streetartisten bleiben jedoch leider (bis auf das Email-Interview mit dem Streetartisten und Kurator *NoLogo*) aufgrund des begrenzten Umfangs dieser Arbeit erstmal unbesprochen.

Wie bereits erwähnt, wird die Etablierung der Streetart im Kunstfeld keineswegs durchgehend in dem Ausmaß kritisch gesehen, wie es in der Argumentationsfigur der Entmächtigung oder Vereinnahmung zum Ausdruck kommt. Wir werden im Laufe des Textes verschiedenen Perspektiven begegnen und lernen das Feld dadurch in seiner Komplexität kennen. Die unterschiedlichen Repräsentationspraktiken stehen als symbolische Verbildlichung der differenten Perspektiven, da sie durch ihre bildlich-ästhetische Vergegenwärtigung zeigen, wer für wen und was repräsentiert und wie damit dialektisch im selben Moment über die Kontextualisierung des Events und/oder der Werke entschieden wird.

Zunächst wird im 2. Kapitel die Herleitung der kulturanthropologischen Fragestellungen anhand eines Textes von Ina-Maria Greverus dargestellt. Die ethnologische Kulturschock-These begleitet uns daraufhin durch die Arbeit. Ein knapp gehaltener Exkurs gibt im 3. Kapitel den Leserinnen und Lesern Einblick in einige kunstsoziologische Überlegungen und Erkenntnisse. Im Kapitel 4 geht es um die theoretischen Grundlagen und die historische Einbettung des Phänomens Streetart. Dazu wird die Geschichte von Graffiti allgemein beleuchtet und es werden Ähnlichkeiten und Unterschiede zur Writing-Kultur der HipHop-Szene herausgearbeitet. Streetart behält seinen Ausgangspunkt auf der Straße: darum wird der konkrete Ort der Streetart in Auseinandersetzung mit der werbetragenden Stadt und in Abgrenzung zur Arbeits- und Wirkungsweise des Writing dargestellt. Nach einem Blick auf die stattfindende Kommunikation zwischen Produzenten, Werken und Rezipienten geht es desweiteren um die Einordnung der Ästhetisierung, der Kommerzialisierung und der Romantisierung als jene auf Streetart einwirkende Prozesse. Dieses Verhältnis wird durch ein Schaubild illustriert. Ein kurzes 5. Kapitel zur Methode erklärt die spezifisch kulturanthropologische Herangehensweise an das Thema. Daraufhin erfolgt im 6. Kapitel die Vorstellung ausgewählter Repräsentanten der Streetart. Durch Interviews soll ein intensiver Einblick in einzelne Strömungen innerhalb der Streetart-Szene als auch der möglichen Positionen der weltlichen Repräsentation ermöglicht werden. Ausführliche Textpassagen aus den Gesprächen und aus dem Email-Verkehr bestimmen den Ablauf des Textes, der von mir zunächst lediglich zusammengefasst und kommentiert wird. Die Personen greifen diverse weiterführende und assoziative Themen auf, die zum komplexen Verständnis ihrer Perspektive unerlässlich erscheinen, so dass ich meine Interviewpartner nicht nur in Hinblick auf die Fragestellung abfrage oder zitiere. Das 7. Kapitel wendet sich dem Fragenkatalog unter Beachtung der drei Themenfelder Subkultur, Sell Out und subkulturelle Subversion (Subversion gemeint als Infragestellungen des Selbstverständlichen[15]) zu, beantwortet und diskutiert die Thesen. Im 8. Kapitel nehme ich eine Zusammenfassung der durch Streetart formulierten Kritik vor. Das 9. Kapitel beinhaltet das Fazit und fasst die Ergebnisse unter Berücksichtigung der unterschiedlichen Repräsentationspraktiken des Feldes zusammen.

In der Schlussbemerkung blicke ich auf die Veränderungen von Theorie und Praxis am Beispiel des Aspektes des Kulturschocks. Weitere ergänzende Texte finden sich im Anhang. Worauf ich nicht gesondert Bezug nehmen werde, sind die Aspekte von *race, class* und *gender*. Ich möchte jedoch darauf hinweisen, dass diese Strukturmerkmale der kapitalistischen Gesellschaft jedes soziale Feld durchziehen (vgl. Knapp 2005) und auch in dem von mir untersuchten Feld eine nähere Betrachtung verdienen[16].

3 Kulturanthropologische Fragestellungen

Wir brauchen das Fremde (das Abenteuerliche, Geheimnisvolle, Verunsichernde) als Anregung gegen verfestigte Selbstverständlichkeiten.
(Greverus 1991, 162)

Mein Subkultur-Begriff setzt sich aus verschiedenen Definitionen zusammen und ich verstehe darunter eine von der Gesamtgesellschaft abweichende Gruppe, die eine gemeinsame *Kultur*[17] herausbildet.

> Kultur ist die Summe der materiellen und ideellen Errungenschaften einzelner menschlicher Gruppierungen, ihrer Techniken, ihrer Werkzeuge und ihrer sonstigen Artefakte, ihres Wissens um Naturzusammenhänge, ihrer internalisierten Werte und auch ihrer Sinndeutungen. (Kohl 2000, 132)

Eine Teil- oder Subkultur teilt die Kultur der Gesamtgesellschaft in einigen Punkten nicht und modifiziert oder konfrontiert die Gesellschaft und ist im Kleinen, was von dem Ethnologen Karl-Heinz Kohl im Allgemeinen als Kultur beschrieben worden ist. Sie ist dadurch, dass sie von den räumlichen, medialen und ökonomischen Koordinaten auf der gleichen Grundlage beruht wie die Gesamt-Kultur, auch immer in Auseinandersetzung mit dieser zu verstehen.

> Culture, in its broadest sense, is what makes you a stranger when you are away from home. It includes all those beliefs and expectations about how people should speak and act which have become a kind of second nature to you as a result of social learning. When you are with members of a group who share your culture, you do not have to think about it, for you are all viewing the world in pretty much the same way and you all know, in general terms, what to expect of one another. However, direct exposure to an alien society usually produces a disturbing feeling of disorientation and helplessness that is called 'culture shock'. (Bock 1970, IX)

In diesem Zitat wird deutlich, wie alltäglich und unhinterfragt den jeweiligen Menschen die eigene Kultur ist: wie sie in Fleisch und Blut übergegangen ist, wie sie inkorporierte und ständig performativ zum Ausdruck gebrachte Ressource geworden ist (vgl. Wulf 2005). 'Away from home', das bedeutet, von einer geistigen Heimat getrennt zu sein, durch das Eigene fremd wahrgenommen zu werden und empathisch darauf reagieren zu müssen, um nicht von Ausschluss betroffen zu sein. Ein Kulturschock kann in diesem Sinne auch positiv gewertet werden, da ein Mensch durch ihn dazu gedrängt wird, seine als normal gesetzten

Sicherheiten und Gewissheiten durch die Auseinandersetzung mit dem Anderen/dem Fremden zu hinterfragen und somit sich selbst als einen Anderen zu erkennen (vgl. Greverus 1995).

Die Kulturanthropologin Ina-Maria Greverus wirft in dem 1995 erschienenen und sehr nachhaltigen Text *Kulturdilemma. Die nahe Fremde und die fremde Nähe* eine Frage auf, die auch für mein Thema zentral ist:

> Die eigene Gesellschaft über einen Kulturschock provozierende, sie über die fremdkulturellen Momente zur Selbstreflexion zwingen wollende Subkultur, wo ist sie geblieben? (Greverus 1995, 275)

Greverus überträgt in ihrem Text den Kulturschock als „Verunsicherung über die 'Richtigkeit' der eigenen Kultur" (Greverus 1995, 270) und als „Kulturkonflikt" (ebd., 271) in die nahe Fremde: sie setzt dafür nicht mehr das Reisen in ein fremdes Land voraus, sondern sie fragt nach einer Subkultur[18], die in der eigenen, vertrauten Kultur solche progressiven Kulturschock-Momente auszulösen vermag.

Subkultur, Sell Out und Subversion

Greverus Text regt dazu an, aus verschiedenen Perspektiven weitere Aspekte des Themas zu hinterfragen. Es ergeben sich somit drei Themenfelder, die in Bezug auf die aktuelle Untersuchung einer Subkultur bedacht werden sollten.

1. Themenfeld Subkultur: Ist Streetart eine durch fremdkulturelle Elemente die eigene Gesellschaft provozierende Subkultur?

Ist Streetart eine jener Subkulturen, die die Gesellschaft zur Selbstreflexion zwingen? Beinhaltet Streetart fremdkulturelle Momente, durch die eine Art Kulturschock im gewohnten Umfeld hervorgerufen werden kann? Sind es tatsächlich Desorientierung und Hilflosigkeit - nach Philip K. Bock Elemente des Kulturschocks , die durch Streetart ausgelöst werden? Ist Streetart überhaupt eine Subkultur (oder Gegenkultur) und was kann dieser Begriff heutzutage leisten?

Mit diesen grundsätzlichen Überlegungen kann das grundlegende Verhältnis von Streetart zur Gesellschaft unter postmodernen Bedingungen unter die Lupe genommen werden. Im Hintergund stehen dabei die von Greverus angeregten Überlegungen: Haben sich die Subkulturen im Laufe der Jahre zunehmend eingegliedert und führen kaum mehr zu gesellschaftlichem oder sozialem Wandel? Kann also nicht mehr von einer Gegenkultur gesprochen werden? Sollte der Begriff Szene vor dem der Subkultur favorisiert werden, da die gegenkulturellen Implikationen in den heutigen Bewegungen ohnehin fehlen?

> Das vorherrschende Muster der Reaktion auf den Kulturschock (d.h. Übernahme oder Eliminierung der Fremdelemente zugunsten der herrschenden Kultur, Anm. CW) gilt im gesellschaftlichen Kontext auch für die sogenannten Gegenkulturen, deren zunächst befremdender Stil als Performance, als sichtbar gemachter Ausdruck ihrer Erfahrungen, von der Mainstream-Gesellschaft über ihre Medien gesellschaftsfähig, konsumfähig und damit alltäglich, ungefährlich gemacht wird. (Greverus 1995, 270)

Durch diese für WissenschaftlerInnen der 80er Jahre typische kritische Sicht auf die kommerziell geprägte Mainstream-Gesellschaft und die Prozesse der Normalisierung kann das Feld des Sell Outs einer Subkultur in den Blick genommen werden.

2. Themenfeld Sell Out: Welche Formen von Entmächtigung und Vereinnahmung durch Normalisierungen werden bezüglich des Phänomens Streetart wirksam und wie?

Wird auch die Streetart von der westlichen Mainstream-Gesellschaft und deren Medien gesellschaftsfähig, konsumfähig und damit ungefährlich gemacht? Wie läuft dieser Prozess ab? Sind Ästhetisierung, Kommerzialisierung und Romantisierung gesellschaftlich wirksame Arten der Entmächtigung? Haben sich im Laufe der Zeit Strategien der Subkultur(en) gegen ihre Vermarktung entwickelt? Wie geht eine so junge Subkultur wie die Streetart mit ihrer Kommerzialisierung um? Wie konzeptualisieren sich Subkulturen heutzutage?

Greverus erkennt eine gesellschaftliche Tendenz, durch welche Konflikte (und somit die wichtigen Auseinandersetzungen und Infragestellungen der *eigenen Kultur*) zunehmend auf die persönliche Ebene verschoben werden. Sie zeigt anhand der New Age-Bewegung eine problematische Entwicklung auf, die auf eine Verschiebung von der Infragestellung der Gesellschaft hin zur Infragestellung des Selbst zielt.

> Nicht die Gesellschaft soll über einen Kulturschock geändert werden, sondern aus fremden Kulturen werden Elemente herausgelöst und für die Harmonisierung der 'inneren Konflikte' des westlichen Menschen angeboten. (Greverus 1995, 271)

Somit würden sich die notwendigen, progressiven Infragestellungen des Eigenen, die zur Erkenntnis der eigenen Kultur und Gesellschaft durch reflexive Prozesse beitragen könnten, in ein „innerpersonales Drama" (Greverus 1995, Fußnote, 271) kanalisieren. Dieses lässt den Einzelnen an sich selbst zweifeln, ohne dass er/sie die gesellschaftlichen Verhältnisse im Allgemeinen mit all ihren produzierten und performierten Selbstverständlichkeiten und Normalitäten anzweifeln oder in Frage stellen würde. Von der gesellschaftlichen Metaebene aus betrachtet, könnte eine

Subkultur gerade weil sie durch oberflächliche Glättung der zunächst unangepassten Wogen zur Harmonisierung des Systems beiträgt, sogar zu einer Agentin von Anpassung und Vereinheitlichung erklärt werden[19].

3. Themenfeld Subversion: Kann die Streetart-Subkultur als Agentin der Harmonisierung und Normalisierung verurteilt werden?

Wie geht Streetart mit der Tendenz um, dass fremdkulturelle Elemente bloß zur Harmonisierung der inneren Konflikte von einzelnen Personen herangezogen werden? Oder anders: was bedeutet es eigentlich, weiterhin subkulturell tätig zu sein, wenn doch jede Differenzierung innerhalb einer Subkultur letzten Endes darauf hinausläuft, vereinnahmt, entmächtigt und entschärft zu werden? Wie stehen die Einzelnen zu ihrer Subkultur?

Die Sutersche Argumentationsfigur, die Bändigung durch die etablierten Hallen der Kunst und die damit einhergehende „Entschärfung des Untergrunds" betreffend, findet bei Greverus ihr Pendant. Zunächst kann festgehalten werden, dass es der Gesamt-Gesellschaft auf verschiedenen Wegen gelingt, das Subkulturelle im Ausverkauf der Differenzen (vgl. Gurk 1997) zu normalisieren. Bedeutsame Prozesse der Entmächtigung, aber auch gleichzeitig der Übersetzung (!), sind Ästhetisierung, Kommerzialisierung und Romantisierung.

Fragestellung

Als übergeordnete Fragestellung meiner Arbeit gilt eine allgemeine Erhebung und Dokumentation des derzeitigen Feldes unter dem Fokus: Was bedeutet die Etablierung der Streetart im Kunstfeld für die Subjekte, für die subkulturelle Gruppe und für die Gesellschaft? Welche unterschiedlichen Positionen der Repräsentation einer Subkultur bilden sich visuell und symbolisch heraus?

Indem ein Subkultur-Stil über diverse Kanäle eine verstreute, brüchige Gemeinschaft konstruiert, wird er sozial wirksam; diesen zentralen Aspekt haben wir mithilfe von Christian Höller schon festhalten können. Es gilt nun, eben diese weltliche Ebene der Etablierung von Streetart im Kunstfeld unter die Lupe zu nehmen. Es soll dargestellt werden, wie 'der Aufstieg' und die Einbettung von Streetart in die Welt der Kunst von statten geht. Anthropologisch kann erschlossen werden, was diese Entwicklung für die genannten Individuen, die Gruppe und die Gesellschaft bedeutet.

Das mich in meiner Fragestellung inspirierende Zitat von Greverus beinhaltet einige Voranahmen, die ich kurz darstellen möchte. Auch in den von mir abgeleiteten Fragestellungen sind nämlich einige Denkfiguren einer eingreifenden Wissenschaft enthalten, die in dieser Art nur einem alternativ-linkspolitischem Denken (wie dem der US-amerikanischen Cultural Anthropology der 70er Jahre) entspringen können. Viele der zitierten Autoren und Autorinnen wie Ina-Maria Greverus oder Jean Baudrillard schrieben ihre Texte jedoch auf einer Argumentationsbasis aufbauend, in welcher sowohl eine tendenzielle (marxistisch orientierte?) Aufteilung in Oben und Unten, Herrschaft und Unterdrükkung, Basis und Überbau als auch in Mainstream und Subkulturen herauszulesen ist. Zudem kann man in ihren Theorien und Texten die Empörung über die Kommerzialisierung von den zeitgenössischen ideellen Bewegungen deutlich herauslesen. Trotzdem denke ich, dass der Ansatz der eingreifenden Wissenschaft weiter ausgebaut werden sollte, wenn auch eventuell mit anderen Argumentationen und Legitimationsprinzipien.

John Fiske als Vertreter der britischen Cultural Studies versucht als einer der ersten, diese starren Gegensätze kulturwissenschaftlich aufzulösen[20]. Georg Franck, den ich ebenfalls weiter unten im Text diskutiere, schreibt im Anschluss an diese Tradition und bringt ansatzweise neuere Konzepte zur Geltung. Haben wir es etwa bei all diesen Autoren mit einer längst überholten ideologischen Interpretation eines auf der einen Seite alles einverleibenden Mainstreams und auf der anderen Seite ausgebeuteten Subkultur-Enklaven zu tun? Und: wenn dieses Modell und die damit zusammenhängenden Argumentationsfiguren mittlerweile nicht mehr gelten, welche postmodernen Konzeptualisierungen haben sie abgelöst? Wie bereits in der bisherigen Analyse klar wurde: Selbst Texte, die gegen den starren Gegensatz von Mainstream und Subkulturen argumentieren (vgl. Höller 1997), operieren notwendigerweise mit denselben Begriffen. Meiner Meinung nach handelt es sich um sog. Arbeitsbegriffe:

> „ihr Zweck ist es, einen Sachverhalt möglichst genau zu erfassen und zu beschreiben, heuristische Werkzeuge zu sein, also brauchbar und nützlich zu sein, mehr nicht. Ein höherer Anspruch ist mit ihnen nicht verbunden." (Quack 2004, 12[21])

Als Werkzeug also und als Gegenstand der Auseinandersetzung eignet sich die Unterscheidung in Mainstream und Subkulturen hervorragend. Die Entwicklung des Begriffs Subkultur gibt überdies einen Überblick über einen bemerkenswerten Zweig der Wissenschaftsgeschichte und führt von der Chicagoer Schule (1920 - 1960er Jahre) über das CCCS, das Birminghamer Center for Contemporary Cultural Studies (1964 - 1980er Jahre), hin zur seit den 80er Jahren betriebenen postmodernen Subkulturenforschung um Bricolage, Style Surfing etc. (vgl. Reinecke 2007, 103) und den neueren Ansätzen zur Szenen-Forschung (vgl. Paris 2000). Es lässt sich allein anhand dieser kurzen Übersicht erkennen, dass Subkultur-Forschung bislang in einem begrenzten Feld durchgeführt wurde. Wie steht es denn mit Subkulturen und deren Dokumentation in Afrika, Lateinamerika oder Osteuropa? Graffiti und Streetart werden in so gut wie jeder Großstadt betrieben, in Moskau genauso wie in Kapstadt. Jedoch herrschen dort andere urbane Zustände, die auch zu spezifischen Formen der Streetart führen[22]. Meiner Meinung nach versuchen einige Sozialwissenschaftler ein theoretisches Konzept (meist ohne alternative Vorschläge) schon wieder abschaffen, noch bevor es in allen Teilen der Welt - im Sinne eines Instrumentes und auch von den außereuropäischen WissenschaftlerInnen - Anwendung finden konnte und noch bevor es in seinen Möglichkeiten ausgeschöpft oder auch inhaltlich sinnvoll gedehnt und erweitert wurde[23]. Zum Beispiel wäre ein Blick auf die subkulturelle Streetart-Bewegung in São Paulo interessant, da sich in der brasilianischen Mega-City eine konzentrierte und facettenreiche Anhäufung des Phänomens herausbildet. Zu fragen wäre dann, wie eine Subkultur mit ihrer urbanen Umgebung, der Baustruktur und den Betonmassen der Stadt, zusammenhängt und welche sozialen Faktoren bei ihrer Herausbildung bedeutsam sind. Die subculture-Forschung hat gerade dieses wechselseitige Verhältnis von Gesamtgesellschaft und Teilkultur und von sozialen Bedingungen und ästhetisch-politischem Widerstand betrachtet. Meines Erachtens ist es unerläßlich, die Erkenntnisse der Subkultur-Forschung bei der Betrachtung eines solchen Phänomens einzubeziehen.

In meiner Arbeit sollte der Diskussionsrahmen jedoch nicht schon im Vorhinein allzu stark eingeschränkt sein. Darum versuchte ich, nicht einer einzigen Theorie zu folgen, sondern mich an verschiedenen Ansätzen abzuarbeiten. Einige der behandelten Texte werden ausführlich dargestellt, um einen ausreichenden Einblick in das jeweilige Theoriegebäude zu gestatten, dessen Komplexität sich nicht durch ein einziges Zitat abhandeln ließe. Zu diesen komplexen Theorie-Welten gehören die bereits erwähnten Ansätze von Ina-Maria Greverus, Jean Baudrillard, Georg Franck und John Fiske, ferner auch Theorien anderer Kulturanthropologen, Kunstwissenschaftler und Soziologen. Zitate, die sich meist selbst genügen und die sich konkret mit dem Thema Graffiti und Streetart auseinander setzen, stammen zum Beispiel von Beat Suter, Silke Andris, Julia Reinecke, Aurelio Skrotzki, Katrin Klitzke. Die letzte Gruppe der Zitierten setzt sich aus den Akteuren des Feldes zusammen. Zum einen zitiere ich hier aus meinen Interviews (Dave The Chimp, Cemnoz, die Kuratoren der beyond streetart-Ausstellung, Rik Reinking, NoLogo), zum anderen aus dem Internet, aus Buchquellen und Ausstellungstexten.

4 Exkurs: Kunst

Ein Kunstwerk ist gut, wenn es aus Notwendigkeit entstand.
(Rilke 1997, 16)

Die Kunst beinhaltet drei verschiedene Bereiche, von denen ihre Wirkungsweise abhängt. Das sind die Bereiche Produktion, Vermittlung und Rezeption, die sich gegenseitig beeinflussen und historischen Bedingungen unterliegen. Nach Theodor W. Adorno objektiviert sich Gesellschaft in den Kunstwerken an sich.

> [Z]u dem Bestimmbaren gehört auch der den Kunstwerken immanente soziale Gehalt, etwa das Verhältnis Beethovens zu bürgerlichen Autonomie, Freiheit, Subjektivität, bis in seine kompositorische Verfahrensweise hinein. Dieser soziale Gehalt ist, ob auch unbewußt, ein Ferment der Wirkung. Desinteressiert Kunstsoziologie sich daran, so verfehlt sie die tiefsten Beziehungen zwischen der Kunst und der Gesellschaft: die, welche in den Kunstwerken selbst sich kristallisieren. (Adorno 1968, 98f)

Es tritt demgemäß in künstlerischen Werken (und bei der in diesem Falle untersuchten Kunstform Streetart im Besonderem in ihrer auf die Straße hin entworfenen Form und ihren Themen) ein kristallisiertes gesellschaftliches Verhältnis zutage. Den Kunstwerken ist implizit eine Herangehensweise an die Gesellschaft enthalten, eingebrannt oder fermentiert, die innerhalb einer speziellen gesellschaftlichen und sozialen Konstellation bedeutsam war und wird.

Adorno macht desweiteren auf die Veränderlichkeit eines Kunstwerkes durch verschiedene Kontextualisierung aufmerksam, indem er folgende Frage stellt: „[O]b eine durchs Radio verbreitete (...) Symphonie überhaupt noch die Symphonie ist, von der die herrschende Vorstellung annimmt, daß das Radio sie Millionen schenkte?" (Adorno 1968, 102)

Was ist Kunst?

> Wir haben zwei gleiche Objekte. Eines hängt im Baumarkt, das andere im Museum. Als Objekte sind sie ununterscheidbar. Aber das ist ja gerade die Pointe: Was als Kunst gilt und was nicht, hat keinen 'ontologischen' Grund. Es ist Ergebnis einer Zuschreibung. Die Konvention, die das eine zum Kunstobjekt erklärt und das andere Gebrauchsgegenstand sein lässt, kann, im Hinblick auf 'die Sache selbst' ganz und gar arbiträr[24] sein. Und der Akt, durch den das eine Objekt, im Unterschied zu all seinen formidenti-

> schen Brüdern, zum Kunstwerk gemacht wird, ist historisch-kontingent. (...) es könne nicht aufgrund der Merkmale und Eigenschaften eines Objektes oder einer Tätigkeit entschieden werden, ob das Objekt oder die Tätigkeit Kunst ist oder irgendetwas anderes. Kunst ist demnach, was der Künstler macht. Wer ein Künstler ist und wer nicht, lasse sich nicht aufgrund der Objekte sagen, die die Person herstellt. (Schweppenhäuser 2007, 172)

Objekte und Praxisformen an sich sind nicht aus sich heraus in die Bereiche Alltagsleben und Kunst zu unterteilen. Aber: In den Bedingungen der Produktion und Vermittlung und dem, wie Objekte und Praxisformen rezipiert werden, unterscheiden sie sich drastisch. Der Unterschied des sozialen Lebens zur Kunst liegt nicht in der Art und Weise des Handelns oder in dem Kunstwerk an sich begründet, sondern unterliegt einer Zuschreibung und ist einzig in den Umständen der Aufführung des Kunstwerkes (und der Sinnhaftigkeit innerhalb der symbolischen Ordnung) begründet. Die Theaterwissenschaftlerin Erika Fischer-Lichte behauptet, dass allein die institutionelle Einbettung darüber entscheidet, als was eine Aufführung gesehen wird (Fischer-Lichte 2004, 352).

Diese Setzung ist auch die Grundlage für das Denken einer Institution Kunst. Die Dichotomie Kunst versus Gesellschaft wird von der Gesamtgesellschaft (als historische) determiniert, gleichzeitig wird diese starre Gegenüberstellung aufgehoben, da das Kunstwerk auch Teil der gesellschaftlichen Realität ist (Bürger 1974, 17). Die Funktion, und damit die Wirkung, Vermittlung und der Status eines Kunstwerkes/eines Kunststils, ist von folgenden drei Dingen abhängig: vom Kunstwerk, vom Künstler und von der Institution Kunst - also den Rahmenbedingungen, innerhalb derer produziert und rezipiert wird (ebd., 15).

Für meine Arbeit heißt das schlicht: Ein Kunstwerk ist ein Objekt (oder eine Performanz), welches der Künstler herstellt (aufführt) und welches in den Institutionen der Kunstwelt ausgestellt und anerkannt ist. Doch: Ist Streetart nicht schon Kunst, in dem Moment, da sie auf den Straßen der Städte in Erscheinung tritt? Oder umgekehrt: Sind Streetartisten nicht auch dann Künstler und ihre Werke Kunstwerke, wenn ihre Kunst niemals institutionalisiert wird und nicht unter ästhetischen Aspekten ausgestellt werden?

Ist Streetart Kunst?

Kunst ist demnach eine kulturelle Vereinbarung, sie ist machtvoll besetzten Aushandlungsprozessen ausgesetzt. Kunst ist also immer nur zeitlich und räumlich begrenzt als Kunst bedeutsam[25].

Meine Antwort auf die Frage danach, ob Streetart Kunst ist, ist zu analysieren, ob diese Form im zeitgenössischen westlichen Diskurs-System als Kunst gehandelt wird. Streetart erfüllt die meisten Regeln der Institution Kunst, so dass die eine Regel, die sie umgeht, nur in bestimmten Anschauungen ins Gewicht fällt. Sonstige reproduziert sie nicht nur - die Streetart weist teilweise sogar über die gesetzten Kunst-Kriterien hinaus. Wenn zum Beispiel jedes Werk einzigartig und vom Künstler selbst hergestellt wird (siehe zum Beispiel die Scherenschnitte der New Yorker Künstlerin Swoon), so wird das (schon dem Untergang geweihte, vgl. Benjamin 1973) Moment der *Aura* eines Kunstwerks wiederbelebt[26]. Künstler ist innerhalb der Streetart derjenige, der ohne finanziellen Hintergedanken an konkreten Orten aus eigenem Verlangen heraus mit anderen Menschen durch seine Werke kommuniziert. Dadurch wird ein 'romantischer' Gedanke ans Künstler-Dasein wiederbelebt. Zudem wird auch auf der Straße nach (wenn auch szene-eigenen) ästhetischen Kriterien ausgestellt. Die Institution Kunst tritt bei der Streetart schlicht in einer modifizierten Form (in einem Remix aus traditionellen Ideen und Praktiken) in Erscheinung.

Das Phänomen Streetart ist, wie jeder andere Gegenstand und jede Praxis, problemlos in einen Kunstkontext übertragbar. Ausschlaggebend ist jedoch, dass die Sinnhaftigkeit, die Erfahrung der Streetart, also das, was mit ihr verbunden wird, bei einem Streetartisten gemeinsam mit seinen Werken ins Museum getragen wird. Wenn der Streetartist hauptsächlich ein solcher ist, so bedeutet seine Kunst auch innerhalb der Institution Kunst die Erinnerung an jene kreativen und im gegenwärtigen neoliberalen gesellschaftlichen System als politisch zu wertenden Eingriffe in den Stadtraum. Das kann durch eine spezielle Ausstellungskonzeption noch unterstützt werden[27]–liegt aber im Zeichen und im Werk selbst schon vor. Monsieur André im Museum (oder auf der Handtasche, dem Handy etc.) ist die Erinnerung an Monsieur André auf der Straße.

Ich werde im Folgenden von Streetart als kreativer Praxis, von Streetart-Werken und von den Praktizierenden als Streetartisten sprechen. Objekte sind Kunst, wenn die Rezeption sie dazu macht. Kunst ist insgesamt als kulturelle Vereinbarung (und somit als in einem ständigen Aushandlungsprozess begriffen) anzusehen.

5 Theoretischer Rahmen

> *Die soziale Genese eines Feldes zu erfassen und zu begreifen, was die spezifische Notwendigkeit des dieses stützenden Glaubens, des in ihm geübten Sprachspiels und der materiellen und symbolischen Einsätze, um die es ihm geht, ausmacht, bedeutet, die Aktionen der Produzenten und die Werke, die sie schaffen, zu erklären, zu zeigen, warum sie so und nicht anders sind, und sie damit der Absurdität des Willkürlichen und Unmotivierten zu entreißen, und nicht, wie man gemeinhin glaubt, zu reduzieren oder zu destruieren. (Bourdieu 1997, 73)*

Graffiti benutze ich als den Überbegriff für selbstermächtigte, grafische und künstlerische Eingriffe in den öffentlichen Raum. Der Begriff Graffiti wird meist synonym zum Writing (also dem Sprayen oder Taggen des jeweiligen Writernamens im eigenen Style) verwendet. Streetart beschreibt die neuere, experimentelle Form der angewandten und bildenden Kunst im öffentlichen Raum, „auf der Straße" (vgl. Reinecke 2007) - also Schablonengraffitis, Scherenschnitte, Aufkleber, Plakate, Cut-Outs, Mosaike, Arbeiten aus verschiedensten Materialien wie Styropor, Stein, Tape-Band, Spiegel usw., aber auch Light Writing, Urban Gardening, Blindenschrift-Sticker, Bodengraffitis etc[28].

> Das Gemeinsame von Graffiti und Streetart überhaupt: alles sind Inschriften auf Wänden im öffentlichen Raum. Also auch Flächen in diesem Raum. Das ist Graffiti. Egal mit was. Gekratzt, gesprüht, gemalt, geklebt - alles Graffiti. Oberbegriff. Und der Inhalt dessen ist egal. Jetzt Untergruppe Writing, der Inhalt ist nur die Schrift... (Cemnoz, Interview 24. Juni 2007)

Die Menschen, die hinter diesen Aktionen stehen, nenne ich im Folgenden *Streetartisten*, also in Abwandlung des englischen Wortes Streetartists. Da nicht alle Akteure als Künstler bezeichnet werden möchten, finde ich den Begriff der Artisten angemessen, da einige Aktionen ohnehin artistischer Fähigkeiten bedürfen. Hiermit sind im Übrigen sowohl weibliche als auch männliche Akteure gemeint, auch wenn das Feld spärlich von Frauen besetzt ist und sich auf den ersten Blick zunächst nur männliche Streetartisten zum Gespräch finden. Man kann - so meine Feldbeobachtung - davon ausgehen, dass im Allgemeinen bei jeder Ausstellung genau eine weibliche Streetartistin dabei ist[29].

Es sollte auch klar sein, dass es sich um ein subkulturelles Phänomen handelt, d.h. viele Außenstehende nehmen Streetart kaum bis gar nicht zur Kenntnis, wie ich in Gesprächen erfahren habe. Streetart ist erstens, besonders, wenn die Augen nicht auf die Lücke hin trainiert sind, manchmal schwer zu entdecken, zweitens bis auf Ausnahmen in urbanen Räumen und auf speziellen Internetseiten verbreitet und drittens beschäftigen sich die meisten Leute mit diversen anderen offiziellen Zeichen, denen sie auf ihren Wegen durch die Stadt ausgesetzt sind. Von den Akteuren bekommt man im Alltag bis auf wenige seltene Momente kaum etwas mit, da sie aufgrund ihrer halb- bis illegalen Tätigkeit anonym bleiben wollen, keine besonderen äußerlichen Merkmale aufweisen und zumeist nachts ihre Arbeiten im Stadtraum anbringen (vgl. Reinecke 2007).

> Graffiti ist ein Begriff aus dem Italienischen und heißt soviel wie 'einritzen'; eine auf Wänden, Mauern, Fassaden künstlerisch gestaltete Darstellung. (Skrotzki 1999, 11)

Aurelio Skrotzki schreibt in seinem 1999 erschienenen Buch *Graffiti – Öffentliche Kommunikation und Jugendprotest* in dem Kapitel *Graffiti im Wandel der Zeit* von prähistorischen, antiken und mittelalterlichen Graffiti bis hin zu Graffiti am Anfang 20. Jahrhundert, im Zweiten Weltkrieg und Protestgraffiti in den 60er und 70er Jahren (Skrotzki 1999, 13ff). Danach beschreibt er die Anfänge des American Graffiti mit dem durch einen Artikel in der New York Post bekannt gewordenen Tagger *Taki 183* im Jahre 1971. Er geht auf die rasche Verbreitung und Weiterentwicklung des Tags - ein mit einem Marker schnell gezeichneter Namenszug - zunächst in New York City ein und beschreibt die erste amerikanische Graffiti-Bewegung (Skrotzki 1999, 19ff; vgl. Castleman 1982/ Welz 1984/ Cooper&Chalfant 1984/ Chalfant&Prigoff 1987/ Reinecke 2007).

Getting up

Das Prinzip des Graffiti findet sich im Getting Up[30]: im zunächst stadtweiten (to be all city) Bekanntmachen eines Writernamens und eines dazugehörigen Styles, um dafür Fame, also Anerkennung zu erlangen. Das Getting Up verläuft zunächst innerhalb der Sprayer-Szene und die Anerkennung kommt von Seiten der anderen Sprayer (vgl. Castleman 1982).

> Die Wurzeln des Graffiti liegen in Amerika, in den Ghettos der afro-amerikanischen und hispanischen Bevölkerungsteile von New York. Ende der 60er Jahre tauchten in diesen Gegenden die ersten Tags, damals noch Hits genannt, an den Häuserwänden auf. Anfänglich dienten sie miteinander rivalisierenden Jugendgangs als Reviermarkierungen. In der Folge ging es eher darum, als Einzelperson mit seinem Pseudonym aus der anonymen Masse herauszustechen. Innerhalb kürzester Zeit wurden die Tags immer zahlreicher und vielfältiger und breiteten sich über die Grenzen der Ghettos hinaus aus, besonders im Bereich der S-

> Bahn-Stationen. Erklärtes Ziel der jugendlichen Maler war es, auf sich aufmerksam zu machen, bekannt zu werden. Sie betrieben Werbung in eigener Sache, ähnlich wie man es aus der Welt der Kommerzästhetik und der Warenpräsentation kennt. Um am Spiel der Bilder und Zeichen im öffentlichen Raum teilzunehmen, reichte es zunächst aus, eine möglichst große Anzahl von Graffiti anzubringen, als erster an noch leeren Wänden oder aber an den ausgefallensten Stellen zu malen. Durch das zunehmende Interesse am Graffiti wurde es im Laufe der Zeit schwerer, mit seinem Namen aus der Menge herauszuragen. Ideenreichtum und Originalität waren jetzt gefragt. So wurden die Namenszüge immer größer, bunter, mit immer vielfältigeren Schmuckelementen ausgestattet und zeichneten sich durch einen möglichst originellen Style aus. Im Verlauf der um 1970 beginnenden 'Style Wars', der 'battles' zwischen einzelnen Writern und Crews, wird die Entwicklung und Gestaltung der verschiedenen Styles in erster Linie durch die technische Perfektion vorangetrieben. Auch die Orte, an denen gemalt wird, werden immer aufsehenerregender, wie zum Beispiel die 'rollenden Leinwände', die das eigene Piece von Station zu Station durch die ganze Stadt zirkulieren lassen, den eigenen Namen somit stadtbekannt machen. (Andris 2000, 61f)

Diese von der Kulturanthropologin Silke Andris in dem (während eines Jugendkulturen-Projektes am Frankfurter Institut für Kulturanthropologie entstandenen) Text *Painting One's Own Identity* geschilderte Ausdifferenzierung des Graffiti führte (wie wir heutzutage wissen) nicht dazu, dass die einfachen und schnell ausführbaren, also die mehr auf Quantität setzenden Formen (zum Beispiel Tags und die nur zweifarbigen Graffitis, die sog. Throw-Ups), ihre Faszination und Anerkennung einbüßten. Bis heute stehen verschiedenste Markierungen in der Stadt nebeneinander, ohne sich gegenseitig auszubooten. Auch Streetart läuft parallel und wird zu einem Teil oder zu einer Erweiterung des Graffiti statt zu ihrem Gegenpart.

Zunächst aber zurück zur Geschichte des Graffiti. In den 80er Jahren kam Graffiti als Kulturimport nach Europa. Interessant ist, dass es schon vom Beginn des Phänomens an Tendenzen gab,

> Graffiti zur Kunst zu erheben. Für die Kunst der Straße, die sich durch einen besonderen 'vandal chic' auszeichnet, werden spezielle Galerien eingerichtet, die auf Leinwand gemalte Graffiti ausstellen und verkaufen. Als Graffiti etwa zu dieser Zeit als Teil der sogenannten HipHop-Bewegung Eingang in Europa findet, wurde das Selbstverständnis, ein Künstler zu sein, gleich mitgeliefert. Graffiti wurde zur Kunstbewegung. Graffiti-Ausstellungen nahmen auch in Europa zu. (...) Neben den Filmen und Ausstellungen hatten wissenschaftliche Publikationen und mit ihnen die

> verschiedensten Interpretationen des Themas Graffiti ihre Hochkonjunktur in den 80er Jahren. Damals wie heute kommt den Medien eine besondere Rolle bei der Vermittlung des Phänomens zu. (Andris 2000, 62)

Bis heute werden Jugendliche durch Zeitungsberichte, Radiobeiträge, Fernsehsendungen, Bildbände und zunehmend durch das Internet auf Graffiti aufmerksam. Der wirkliche Einstieg ins Writing erfolgt aber weiterhin ausschließlich über das Getting Up: die Nutzung der Spraydose auf der Straße. In der Weiterentwicklung und durch die mediale Vermittlung habe Graffiti einen solchen Popularitätsgrad erlangt, dass Writer kaum mehr „bestimmten Klassen und Ethnien" zuzuordnen seien (ebd., 67). Das Phänomen wurde dadurch, losgelöst von seiner anfänglichen Klassenfrage, zur eigenständigen Jugendsubkultur.

Die beschriebenen Entwicklungen des nun schon alt gewordenen Phänomens Graffiti - die Historisierung und Tradierung, die Einbindung und fließenden Übergänge zum Markt, die Erweiterung der Produzenten- und Rezipienten-Kreise durch verschiedene Techniken, die mediale Allgegenwart, die symbolische Nutzung der Styles in Filmen, Internet, Musikbranche, an Kiosken, Läden, Schwimmbädern etc. - trägt zur Veränderung in Richtung der zunehmenden Lesbarkeit und Dekodierbarkeit der ehemals „Leeren Signifikanten" (Baudrillard 1978, 26) bei. Graffiti ist kein Aufschrei aus dem Ghetto mehr. Es ist eine akzeptierte Subkultur geworden, mit der ökonomisch Gewinn zu machen ist. Gleichzeitig bleibt die im Phänomen angelegte Infragestellung der Eigentumsordnung eine Form von Kritik an den bestehenden gesellschaftlichen Verhältnissen[31]. Der Schutz des Eigentums ist Grundstein der kapitalistischen Gesellschaftsordnung und Graffiti wird darum (in unterschiedlicher Härte) vom Staat als Straftat verfolgt und bekämpft. Seit Juni 2005 gilt bereits das Verändern des Erscheinungsbild einer privaten Fläche als Straftat (Reinecke 2007, 121). Sonderkommissionen, Polizei, Gebäudereinigungsfirmen und Anti-Graffiti-Vereine arbeiten sich, nur um auch auf diese Seite des Phänomens aufmerksam zu machen, anhand der Schwerpunkte Vermeidung, Entfernung und Bestrafung am Phänomen Graffiti ab[32].

Die Unterschiede von Streetart und Writing

Graffiti hat im Gegensatz zur Streetart eine nun schon fast 40jährige Geschichte, während Streetart in seiner weitverbreiteten Form erst auf eine ca. zehnjährige Vergangenheit zurückblicken kann. Doch gab es schon einzelne Streetartisten, die ungefähr zeitgleich mit der ersten Graffiti-Bewegung anfingen, Streetart in Form von Schablonen-Graffitis, Zeichnungen und Spray-Charakteren u.ä. zu praktizieren: Blek le Rat (Paris),

Harald Naegeli (Zürich und Düsseldorf), der Bananensprayer, die New Yorker Künstler Keith Haring, Hambleton, Basquiat und Jenny Holzer, sie alle arbeiteten in oder seit den 70er, 80er Jahren als Straßenkünstler. Sie sind als Teil der künstlerischen Avantgarde-Bewegung in den kunstgeschichtlichen Kanon eingegangen, und stammen alle nicht aus der damaligen Graffiti/HipHop-Kultur.

Undeutlichkeiten, Überschneidungen und Verzahnungen führen zu Schwierigkeiten in der Unterscheidung von Graffiti und Streetart. Der Berliner Streetartist Gould spricht von einem „gleichzeitigen 'Nebeneinander' und 'Ineinander' beider Kunstformen" (zit. nach Schmidt 2000, 146). Writing und Streetart haben die gleichen Ausgangspunkte: sie beide arbeiten am Getting Up und sie zeichnen sich durch das „ungefragte, illegale Anbringen der Arbeiten im öffentlichen, urbanen Raum" aus (Reinecke 2007, 19). „In der Praxis gibt es immer Zwischenformen, da sind die Übergänge fließend. Aber für die Theorie, wo es um Abstraktion geht, muss man einen klaren Standpunkt einnehmen", meint ein anonymer Writer in einem Interview (zit. nach Nomad Uno 2003).

Obwohl meine Befragten ausnahmslos die Ausdrucksweisen von Streetart und Graffiti unter dem Oberbegriff Graffiti zusammendenken und in dieser Richtung argumentieren (soll heißen: dass es zumindest im Zusammenhang mit dem von mir fokussierten Bereich Kunst mehr verbindende Elemente zu geben scheint, denn Trennende), möchte ich die Unterschiede benennen. Denn: Die Produzenten und Produzentinnen, die Themen, Bilder und Zeichen der Werke, die (Sub-) Kulturen, selbst die Rezipienten und Rezipientinnen der beiden Bereiche der Straßenkunst unterscheiden sich. Gerade der folgende Feuilleton-Artikel von Clara Völker *Streetart – Sag jetzt bloß nicht Graffiti!* aus dem Magazin für elektronische Lebensaspekte DE:BUG kann diese Gegensätze deutlich und überzeichnet zum Vorschein bringen.

> Aber was ist das überhaupt, 'Streetart'? Eigentlich könnte man ja denken, daß alles, was irgendwo im öffentlichen Raum halb- bis illegalerweise untergebracht wird und künstlerisch-rebellische Spuren irgendeiner Art trägt, Graffiti genannt werden darf. Früher war das auch mal annähernd so: Es gab Graffiti (bunte Schriftzüge und Figuren auf Zügen oder Mauern) und dem entgegengesetzt Kunst (siehe Museen, Galerien und Künstler) und Straßenkunst (Pantomimekünstler, kreidegemalte Marienbilder auf dem Pflaster der Fußgängerzone etc.). Irgendwann durfte 'Graffiti' dann auch auf Leinwänden und in Galerien stattfinden, rückte also in die Nähe der Kunst, was natürlich nicht unumstritten war. Tja, und dann tauchte Streetart auf (Character, Figuren und Botschaften auf Stickern, Stencils, Cutouts etc.). Es schlichen nicht mehr nur verschönerte Paketaufkleber über die Later-

nen und Ampeln, sondern ein ganzes Heer an Gestalten überwucherte die urbanen Mauern und Stahlträger. Spätestens zu diesem Zeitpunkt begann man, Zeichen auf der Straße als Teil der Kunst und nicht mehr nur als Schmiererei zu lesen – denn man konnte sie lesen und ihre Verwandtschaft zur bildenden Kunst und Comics deutlich sehen. Der Interessentenkreis wuchs, und voilà: Man nannte es Streetart. Dank des Wissensvorsprungs und Famebrutkastens des WWW entwickelte sie sich flink um den ganzen Globus, Stylekopien inbegriffen. Zwei Fronten bauten sich auf: Graffiti versus Streetart. Graffiti ist 'the real thing', das, was Neuköllner Nike-Asis machen: vulgäre bunte Wandsprüherei und Scheibenkratzerei. Urbanes Revierpinkeln mit sehr dürftigem Kunst-Gehalt, aber massiven Testosteron- und Adrenalinschüben. Streetart hingegen ist das, was Studenten der bildenden Künste in ihrer Freizeit machen. Zu Hause zurechtgeschnitten, angemalt oder entworfen und dann irgendwo angeklebt. Niedliche Figuren und nach Kunst riechende putzig-rebellische Botschaften. Grob zugespitzt ist das der Graben, der zwischen diesen beiden Spielarten liegt. Während Graffiti die Mauer mit Farbe durchtränkt oder sich für immer in die U-Bahn-Fenster eingraviert, hat Streetart oft etwas Temporäreres. Denn was geklebt ist, kann im Prinzip entfernt werden, die Sprühdose oder der Marker sind nicht mehr essentiell. Insofern ist die Sachbeschädigung weniger schlimm und damit das Risiko einer Strafe geringer, weswegen sie mehr Nachahmer findet. Gleichzeitig ist Streetart vergleichsweise statisch, auch wenn der erfolgreiche Streetartist dank Billigflügen und Kunstförderungen unterwegs ist und seine Character in der ganzen Welt verstreut: Für Streetart-Fame brauchen keine Züge durchs Land zu rollen, es genügt, wenn ein Foto durchs Netz kursiert und sich das entsprechende Icon oft genug in der Nachbarschaft wiederfindet. Während Graffiti meistens mit Buchstaben und Namen arbeitet, besteht Streetart oder Post-Graffiti zumeist nicht aus einer dem Alphabet geschuldeten Schrift, sondern aus Icons, Charactern. Damit sind sie theoretisch sogar für Laien entschlüsselbar. Daß man einen Streetart-Style weltweit wiedererkennen kann, ist unabdingbar für seinen Erfolg. Ästhetische Repetition ist der Schlüssel der Streetart. Dagegen geht es beim Graffiti gerade darum, zwar einen Style zu finden, sich jedoch nicht unnötig zu wiederholen. Streetart bricht also mit Graffiti, obgleich es Graffiti voraussetzt und weiterführt. (Völker 2007)

Streetart kann demnach als eine Art postmoderne Subkultur gelesen werden, die sich visuell und sozial tendenziell in anderen Auseinandersetzungen und unter anderen Voraussetzungen als Graffiti strukturiert und zur Geltung bringt. Andere Menschen, andere Medien, andere Bedeutungen, andere Ästhetik. Zwar zeichnen sich sowohl Graffiti als auch

Streetart durch zitathafte Verweise auf vergangene Stile (Comics etc.) aus, aber zum Beispiel Ironie ist tendenziell hauptsächlich innerhalb der Streetart-Subkultur vorfindbar. Der von mir in der Einleitung beschriebene bewusste Einbezug der Kommerzialisierung und die Auflösung der starren Grenzen zwischen „despotischen Mainstream und geschützten Subkultur-Enklaven" (Höller 1997, 64) ist der Streetart immanent, während im Graffiti weiterhin Ausnahme[33].

Den Artikel zusammenfassend heißt dies: Streetart ist lesbar, benutzt allgemeine Codes und wird dadurch für Laien entschlüsselbar. Daher findet dieses Kommunikationsmedium auch mehr Rezipienten als das codierte Writing. Streetart verwendet Icons, Symbole und Character, welche sich durch ästhetische Repetition in der Stadt und durch Zeitschriften oder das world wide web bei den Menschen einprägen und ihr Getting Up wird dadurch auf unterschiedlichen Kanälen vorangetrieben. Zudem ist Streetart eher temporär und in diesem Sinne in einer strafrechtlichen Grauzone. Dagegen ist Graffiti-Sprayen ein klarer Straftatbestand. Graffiti wird weniger mit Kunst verbunden als tendenziell mit - vor allem - männlicher Raumaneignung[34]. Die Spraydose ist beim Graffiti essentiell, beim Writing wird mit Buchstaben gearbeitet und durch die Arbeit auf der Straße und an Zügen die Weiterentwicklung des eigenen Styles betrieben.

Graffiti-Writing ist ein Teil der HipHop-Subkultur der 80er und 90er Jahre, die heutzutage mitsamt ihrer Traditionen und Neotraditionalismen in der globalen Welt angekommen ist und als ein Grundelement der HipHop-Kultur neben Breakdancing, Rap und DJing weiterbesteht.

> [D]ie HipHop-Kultur [verbindet] wahrscheinlich mehr als andere weltweite Jugendkulturen, Text, Musik, Tanz und Bild miteinander. Text ist dabei Reflexion - eine ursprünglich von den Ausgeschlossenen stammende kritische Reflexion über die psychischen, sozialen und ökologischen Mißstände in einer sich nun global durchsetzenden Welt- und Gesellschaftsordnung, gekennzeichnet durch Phänomene wie gnadenloser Sozialabbau, Zwangsmigration und aggressivem Wettbewerb. (Weinfeld 2000, 253)

Graffiti bewegte sich also 'traditionell' am Rand der Gesellschaft und speist seine Faszination bis heute aus dieser Randposition, die auch mit Vandalismus, Konkurrenz und patriarchaler Gewalt verbunden ist. Dabei sind die Unterschiede des HipHop der 80er Jahre und dem derzeitigen globalen Phänomen HipHop zu differenzieren. Zwar gilt für Neueinsteiger gerade im Graffiti, immer wieder auf die Anfänge zu blicken, sich also der Traditionen und radikalen Vorgehensweisen der damaligen American Graffiti-Bewegung (vgl. Castleman 1982) und der internen Regeln zu entsinnen. Graffiti ist in diesem Sinne eine hierarchisch strukturierte Subkultur (vgl. Andris 2000). Diese Bezüge machen die Authentizitätsgrundlage und das Identitätsmerkmal eines 'real' Sprayers aus. Die Denkweise des *real*, was soviel heißt wie echt und authentisch, bildet die Basis für das Weiterbestehen und die Selbstkontrolle der Hip Hop-Kultur. Jedoch kann der - als authentisch gehandelte - Rückgriff die Auseinandersetzungen und Ausgangspunkte der damaligen Bewegung auch verklären: „Die HipHop-Bewegung ist am Rande der Gesellschaft entstanden; sie hat ihre Vertreter aus dieser Marginalität geholt, aber den Rest der Gemeinschaft, aus der sie hervorgegangen sind, dort zurückgelassen" (Weinfeld 2000, 261). Auf der einen Seite bleibt das moderne Graffiti seinen Anfängen innerhalb des American Hip Hop der 70er Jahre verbunden. Auf der anderen Seite hat sich Graffiti stark gewandelt: Das Ankommen in der Mainstream-Gesellschaft und den Implikationen dessen (nur bestimmte marktgängige Ausformungen werden gefördert, gleichzeitig erfolgt eine Zuschreibung rückwirkend: HipHop ist das, was der Markt und die Medien daraus gemacht haben) ist für einige Anhänger des *real*-Graffiti/HipHop ärgerlich und sie kämpfen umso intensiver in Aushandlungen performativ um die Anerkennung ihrer jeweiligen *realness* (vgl. Menrath 2001).

Während HipHop also ein endloser Kampf ist (Rose 1997, 151) und in einem konkreten face-to-face-Gruppenkontext performativ (vgl. Menrath 2001) ausgetragen wird, erscheint Streetart mehr als eine individualistische Aktion im Zusammenhang mit dem Leben in der modernen Großstadt. In der Streetart entsteht ein Kontext, der Leute nicht unbedingt konkret und in Gruppen, die ihren Alltag miteinander teilen, sondern eher ideell, miteinander verbindet. Vielleicht weil sie (in einer globalisierten Welt) in ihrer jeweiligen Umgebung die gleichen Erfahrungen mit städtischer Öffentlichkeit und Peripherie machen und ähnliche Bedürfnisse und Möglichkeiten gefunden haben, darauf zu reagieren. Gegenseitiger Austausch, Inspiration und Zusammentreffen dieser Subkultur finden gesondert vom Alltagsleben statt. Streetartist zu sein ist weder fulltime-Job, noch sind Streetartisten an ihrem Auftreten oder bestimmten äußeren Anzeichen zu erkennen. Am ehesten könnte ihre Attitüde und ihre Kritik an der Konsumwelt sie als Streetartisten kennzeichnen und verraten - doch teilen sie diese mit einer wesentlich höheren Anzahl an Menschen.

Bei der Streetart liegt das Hauptaugenmerk des gesamten Tuns auf dem augenzwinkernden Moment, der (visuell zum Ausdruck gebrachten) offenen, oftmals spielerischen und unverbissenen[35] und meist kritischen Haltung zur Welt. Wohingegen HipHop der Konkurrenz um den performativ ausgetragenen besseren Style, im Falle des Graffitis des Style of Writing, die höchste Bedeutung zuschreibt. Streetart besitzt einen ähnlich populären Charakter wie HipHop (durch Plattencover, Mode, Filme,

Fernsehen, Zeitung, Magazine, Internet...), scheint aber eine tiefergehende Bindung an den Stadtraum zu haben, also ein tendenziell urbaner Trend zu sein. Das könnte neben der hohen Anzahl von Rezipienten, die sich nur in der Stadt garantieren lassen, auch an dem Alter und der Sozialstruktur der Streetartisten liegen, die größtenteils in alternativ geprägten Vierteln mittlerer und großer Städte leben und - wie im Stadtkapitel beschrieben wird - dort arbeiten/künstlerisch tätig sind (vgl. Klitzke 2005, 92ff). Graffiti aber ist besonders beliebt bei Jugendlichen und Heranwachsenden, die zum großen Teil noch bei ihren Eltern wohnen, und erreicht somit sowohl den städtischen als auch den ländlichen Raum (vgl. Stahnke-Jungheim 2000).

Der Hauptgrund dafür, dass ein Phänomen wie die Streetart weltweit Anschluss findet, liegt in der konkreten Anwendbarkeit der Aktion im jeweiligen Lebens-Mittelpunkt des Akteurs. Jeder kann die Idee der Streetart auf seine eigene Stadt modifizieren und dort direkt ausprobieren. So wie das Modell Stadt zu einer globalen Erscheinung geworden ist, so erkämpfen sich die Wandbilder in den Straßen der Stadt einen Raum. „Möglicherweise besteht zwischen der Stadterfahrung und den jugendlichen Stil- und Protestformen ein (...) Zusammenhang" (Breyvogel 1986, 92) meint Wilfried Breyvogel in seiner Erörterung *Zur verborgenen Beziehung von Stadterfahrung und Subjektivität*.

> Rohmaterial der Stilbildung wird damit immer weniger die in Gegenständen materialisierte Arbeits- und Lebenserfahrung der Menschen, sondern nur das, was Menschen in Bildern, Photos, Filmen, in sprachlichen Zeichen, in Rede, Schrift und Debatten aus dem Realen machen. In gewissem Sinne entschwindet das Reale hinter den Bildern, schiebt sich das Imaginäre vor das Reale. Das Imaginäre, das sich im 'Bild' konstituiert, ist zugleich der Ort der Größe, der Ganzheit, die das Reale nie besitzt. Dies aber ist ohne die Stadt nicht denkbar. Die Stadt als Erfahrungsraum ist der Fokus, in dem sich (...) die sinnliche Wahrnehmung der Menschen konzentriert. (Breyvogel 1986, 97)

Die Stadt steht als Ort der heterogenen Öffentlichkeit, und garantiert vielfältige und durch Distanziertheit gelassene und tolerante Rezeption. Die Stadt als realer Ort verliert darin an Bedeutung und wirkt stattdessen als symbolischer Ort.

Die Veränderung des öffentlichen Raumes

Man kann mit Daniela Krause und Christian Heinicke davon sprechen, dass Streetartisten einen „Diskursraum" in der Stadt (zurück-) erobern, da den Menschen in den Großstädten der Welt (zunächst) Bilder und Symbole (nurmehr) als Werbebotschaften und Konsumzeichen entgegentreten. Krause und Heinicke, zwei Absolventen der Hochschule für Kunst und Design in Halle/Saale, beschreiben in der Einleitung zu ihrem Buch *Street Art. Die Stadt als Spielplatz* den modernen Stadtraum folgendermaßen:

> Der urbane Raum ist ein durchrationalisierter und funktionalistischer Raum. Die meisten Bereiche dienen entweder dem Konsum (Einkaufspassagen, Fußgängerzonen usw.) oder der Fortbewegung von einer Sphäre der Verwertung zur anderen (U-Bahn-Linien, Bahnhöfe, Straßen, usw.). Die Ästhetik der zum Kauf anregenden Zeichen, wie Logos und Werbung, ist dabei omnipräsent. Sie beeinflußt das Erscheinungsbild vieler Stadträume ebenso wie das Bewußtsein ihrer Bewohner. Der öffentliche Raum wird dadurch zunehmend zur Projektionsfläche kommerzieller Zeichen und verliert damit seine Bedeutung als Kommunikationsraum seiner Bürger. Das wirft die Frage auf, inwiefern der so genannte 'öffentliche' Raum überhaupt noch ein öffentlicher, also ein von Öffentlichkeit geprägter, Raum ist. (Krause und Heinicke 2006, 9)

Was passiert da gegenwärtig mit den modernen Großstädten? Gibt es wirklich keine Kommunikation mehr auf den Straßen der Städte? Oder haben sich neue Wege ergeben, wie diese Kommunikation abläuft? Arbeitet Streetart also an einem öffentlichen Raum mit, der prinzipiell uneingeschränkt zugänglich sein sollte? Handelt es sich um eine Form der Erschließung neuer Kommunikationskanäle?

Der Architekt und Stadtplaner Georg Franck liefert uns mit seinem Buch *Mentaler Kapitalismus. Eine politische Ökonomie des Geistes* einen Schlüssel zur Beantwortung der aufgeworfenen Fragen nach dem öffentlichen Raum und wer dort mit welchen Mitteln was kommuniziert. In seinen Überlegungen zur *Ökonomie der Aufmerksamkeit*[36] bezeichnet er zusammengefasst all jene Menschen als Ausgebeutete, die andauernd Aufmerksamkeit schenken müssen, eine solche selber aber nie erhalten. Er vertritt die These, dass durch „den Durchbruch einer immateriellen Ökonomie" ein Epochenbruch markiert werde (Franck 2005, 14f). In der heutigen Ökonomie geht es nach Franck in zunehmenden Maße um das kostbare Gut der Aufmerksamkeit, welche Produkte zunächst erhalten müssen, um überhaupt bemerkt und dann in einem weiteren Schritt identitätspolitisch vom engagierten Konsumenten gekauft zu werden (Franck 2005, 221). Ökonomie und Werbung gehen dabei Hand in Hand[37].

Der Mentale Kapitalismus manifestiert sich nach Franck in der Architektur, die materialisierte Ausdrucksweise der symbolischen Ordnung und darum durch eine „Monotonie der Innovation" (Franck 2005, 227) gekennzeichnet sei.

> [A]uch die Städte sehen anders aus. (...) Der öffentliche Raum ist zu einem Teil des Systems geworden, das Information liefert, um Aufmerksamkeit abzuholen. Überall Lichter, Bilder, Musikfetzen, die es auf unser Achten abgesehen haben. Der öffentliche Raum ist zum Werbeträger mutiert. Die Werbung legt sich wie ein Tau auf alles, was eine Schauseite hat. Wir erleben eine regelrechte Invasion der Marken. (ebd., 219)

Damit einhergehend würden Ausschlüsse produziert, welche durch die neuen Technologien, „Stichwort ist die Biometrie" (ebd., 222), umgesetzt würden:

> Wohin wir blicken, sehen wir nicht nur Logos, sondern sieht uns auch eine Kamera zu. (...) Werbung und Überwachung haben sich des öffentlichen Raums als ganzem bemächtigt. Die Werbung besetzt die Schauseiten, die Überwachung leuchtet die verdeckten Seiten aus. Die Funktionen sind komplementär: Die Werbung liefert Information und holt Beachtung ab; die Überwachung liefert Beachtung und holt Information ab. (Franck 2005, 219)

Werbung und Überwachung sind bei Franck zwei Seiten ein und derselben Medaille: der öffentliche Raum ist zum „automatisch überwachten Raum mutiert" (ebd.). Diese Gedankengänge sind darum notwendig nachzuvollziehen, da Öffentlichkeit gegenwärtig neu gedacht werden muss[38]. Öffentliche Räume werden zunehmend kontrolliert. Aneignung öffentlicher Plätze ist hauptsächlich konsumorientiert und damit zeitbegrenzt möglich. Der urbane Mensch kann sich der Werbewelt im öffentlichen Raum (der als Werbeträger dient) kaum mehr entziehen.

Wenn es stimmt, dass beim Menschen „[n]eben den Möglichkeiten zur Existenzsicherung durch Arbeit, Wohnung, Ausbildung, (...) auch ein Bedürfnis nach Kontrolle oder Macht über die Gestaltung des eigenen Lebensraums" (Schilling 1998, 19) besteht, dann wird dieses Bedürfnis an vielen Orten in der Stadt stark beschnitten[39]. Die Einschränkungen durch Überwachung und Kontrolle gehen einher mit dem Anwachsen der Werbung. Die einseitige Nutzung der Stadt zu Werbezwecken kann zumindest von einigen Menschen als einschränkend und extrem störend empfunden werden. Denn die Bilder der Werbung sind zum Beispiel Bilder der Verbreitung einer „mehr oder weniger tolerierte[n] Vorstellung vom Körper und seiner Schönheit" (Augé 1988, 88). „[D]ie Art der Bilder (Körper, die gewiß schlank und begehrenswert sind, aber mehr noch Ausdruck für Gemütszustände, Verhaltensweisen, Gangarten, Blicke) und deren Bilderwelt" erzählen von einer Welt des Scheins (ebd., 90). Jedes weitere Bild sei ein beständiger Beweis für die herrschenden Bildvorstellungen: dieses öffentliche Bilderspiel definiere „das Universum, das von allen in Anspruch genommen und geteilt" würde (ebd., 91). Wie der französische Ethnologe Marc Augé es hier von den Wänden und Plakaten in den U-Bahn-Stationen der Métro berichtet, so können auf die gleiche Art unzählige Orte der Stadt zu Trägern von Werbung mutieren: aktuell zu beobachten in allen (zumindest westlichen) Großstädten, in denen unter anderem Baustellen, Kirchtürme und Flaschencontainer derart kommerziell (um)genutzt werden.

Wenn in den Bildern und Plakaten der Großstadt im Bilderspiel ein visuelles Universum kreiert wird, um mit Augés Worten zu sprechen, dann ist es nachvollziehbar, wieso sich Menschen in ihrer „kulturschöpferischen Disposition" (vgl. Greverus 1987, 90) beeinträchtigt und gestört fühlen können, und manch einer alternative Bilder in dieses Spiel einzubringen versucht und damit eine Repräsentation einer eigenen/anderen Bildwelt vornehmen. Ausdruck und Bestätigung von Identität bezieht der Mensch nicht nur durch soziale Interaktion, sondern auch durch die „Gestaltung von Materie und Umwelt" (Greverus 1987, 267f). Dadurch nutzen Streetartisten nicht nur den Spielraum der Auswahl, worauf sie achten (vgl. Franck 2005, 23), sondern stellen einen solchen alternativen Möglichkeitsraum für sich und andere selbst her.

Von der Werbung werden die Schauseiten der Stadt gekauft und besetzt. Graffiti und Streetart aber geht an Orte, die keiner Nutzung entsprechen oder konventionell als nicht lebenswert gelten:

> Für die Sprayer stellen genau diese Nicht-Orte (wie z.B. U-Bahn-Schächte, Anm. CW) erweiterte Handlungsräume dar. (...) Die Zwischenräume versinken (...) nicht 'im Rausch der Geschwindigkeit', sondern werden wahrgenommen und markiert. (...) Was für die einen Nicht-Orte sind, sind für die Writer besonders bedeutsame Orte. (Andris 2000, 80)

Streetart bewegt sich im Rahmen der Stadt und arbeitet sich an dessen Gerüst und all seinen Trägern ab (vgl. Baudrillard 1978). Streetartisten entwickeln ein Auge für Lücken im Stadtbild (vgl. Klitzke 2005) und sind fantasievolle Pioniere, wenn es darum geht, Orte zu besetzen, die standardisierte Werbung nicht füllen kann oder darf - auch wenn manch Werber erst dadurch auf seine neuen Ideen kommt. Steetartists verändern und bearbeiten Reklame, so dass die ökonomischen Hintergründe derselben ironisiert werden und ästhetische Objekte entstehen (Subvertising oder Adbusting meint das Verändern von Werbebotschaften: Umdeutung bekannter, weitgehend sichtbarer Zeichenwelten [Krause/Heinicke 2006, 61&158]).

Es kann also eine formelle Ähnlichkeit zwischen dem Getting Up eines Styles oder Characters und der Durchsetzung einer Marke konstatiert werden. Georg Franck vergleicht in einer Textstelle die Aktivitäten von Sprayern und Werbern folgendermaßen miteinander:

> Die Wut der Werber ist in der Sache nämlich nicht so verschieden vom Vandalismus der Sprayer. Die einen betreiben legal und professionell, was die anderen im Untergrund treiben. Hier wie dort geht es um die Durchsetzung von Identität. Die Werber bauen die Identität von Marken auf und setzen die Prominenz von Waren durch. Die Sprayer bauen an ihrer eigenen Identität und machen ihre Codes durch die Effizienz der Störung prominent. (Franck 2005, 228)

Tatsächlich kann man das so ausdrücken: In der Sache, das heißt in der Form, sind Werbung und Straßenkunst nicht so unterschiedlich und funktionieren entsprechend - abgesehen von den ungleichen Voraussetzungen: von der Unterscheidung in legal/illegal und den verschiedenen Produktions- und Verbreitungsbedingungen. Ihr Hintergrund ist und bleibt ein anderer und trennt die beiden Bereiche weiterhin klar voneinander: Die Werbung basiert auf ökonomischer Zweckgebundenheit (Reinecke 2007, 143ff).

Insgesamt kann festgehalten werden, dass Graffiti und Streetart eine disfunktionale Nutzung des Mediums Stadt (als Oberfläche und Träger) bedeutet - und dass Streetart im Kampf um Aufmerksamkeit eine wirkmächtige visuelle Aktion ohne kommerzielle Beweggründe darstellt.

Unterschiedliche Wirkungen im öffentlichen Raum

Der Europäische Ethnologe Christian Schmidt erklärt in dem Buch *go.stop.act. Die Kunst des kreativen Straßenprotests* Streetart zu einer Aktion symbolischer Aneignung. Street Art kann demnach als eine

> „symbolische Raumaneignung bzw. -eroberung verstanden werden". Die Streetartisten „setzen Zeichen und Botschaften, versuchen so der Entfremdung des eigenen Viertels entgegen zu wirken und dem Stadtraum ihre Art von Ästhetik überzustreifen. (Schmidt 2005, 147)

In diesem Text wird Streetart gegensätzlich zum Graffiti interpretiert, welches eher mit Destruktion, Aggressivität, Vandalismus und sozialem Außenseitertum/Gefälle (Franck 2005, 228) assoziiert wird: „Anders als beim Graffiti sind die Arbeiten der Street Art-AktivistInnen zum großen Teil keine 'leeren Signifikanten' mehr, wie Jean Baudrillard (...) die Schriftzüge der Writer vor fast 30 Jahren beschrieben hat" (Schmidt 2005, 147).

Ähnlich Francks Argumentation der Ökonomie der Aufmerksamkeit beschrieb der französische Philosoph Jean Baudrillard schon im Jahre 1975 in dem Text *Kool Killer oder der Aufstand der Zeichen* die Veränderungen des Urbanen, der Stadt, als eine „Ausweitung des ökonomischen Wertgesetzes": nämlich von einem Ort der Produktion und ökonomischer Bedeutsamkeit hin zu einem „linguistischen und strukturalen Wertgesetz" (Baudrillard 1978, 20). Die Stadt würde zu einem „Vieleck aus Zeichen, Medien und Codes" (ebd., 21). Baudrillard ist der Meinung, dass „[d]ie Matrix des Urbanen nicht mehr die der Realisierung einer Kraft (der Arbeitskraft) [sei], sondern die der Realisierung einer Differenz (der Operation des Zeichens)" (ebd., 20). Die neue Form des Wertgesetzes - die „wirkliche Form der gesellschaftlichen Herrschaft" (ebd., 23) - bezeichnet Baudrillard als „Semiokratie". Hier läge nun die wirkliche Form der gesellschaftlichen Herrschaft begründet: in der totalen Unterscheidung in Produzenten und Konsumenten (ebd., 23). Also in die, die Aufmerksamkeit schenken müssen und die, die Aufmerksamkeit abschöpfen (vgl. Franck 2005).

Und folgerichtig kann für Baudrillard nur diejenige politische Intervention von Belang sein, die die Semiokratie attackiert und quer läuft zu dieser Logik. Diese Rolle übernehmen seiner Meinung nach die Graffiti von New York - da es sich um Graphismen handele, die weder politisch noch pornographisch seien. Und eben darin läge ihre Kraft: sie entzögen sich somit dem mächtigen Zeichensystem, welches den Menschen aufgezwungen würde. Die Graffiti und ihr „Anti-Diskurs" seien gemacht, „um das gewöhnliche Benennungssystem aus der Fassung zu bringen" (Baudrillard 1978, 26). Sie seien uneinnehmbare Elemente, „leere Signifikanten" (ebd., 26). Diese strebten nicht die bürgerliche Identität an - sie stünden somit im Gegensatz zu Werbung und „City Walls" (ebd., 37)[40]. Deren Ideologie sei zum einen eine funktionale (ebd., 18) und zum anderen eine künstlerische (ebd., 31), und solange das ästhetische Kriterium noch eine Rolle spiele, würde das System nicht konfrontiert...

> Die graffiti dagegen sind kein Heilmittel für die Architektur, sie besudeln sie, vergessen sie, sie laufen quer" (ebd., 34). Und „Indem sie die Wände tätowieren, befreien Supersex und SUPERCOOL sie von der Architektur und machen sie wieder zur lebendigen, immernoch sozialen Materie, zum beweglichen Körper der Stadt vor seiner funktionalen und institutionellen Markierung. (ebd., 35)

Die politische Bedeutung der Graffiti erklärt sich nach Baudrillard in dem, was in einer Art revolutionärer Intuition passieren würde,

> nämlich daß die grundlegende Ideologie nicht mehr auf der Ebene politischer Signifikate, sondern auf der Ebene der Signifikanten funktioniert - und das hier das System verwundbar ist und bloßgelegt werden muss" (ebd., 30): „weder Denotation noch Konnotation, derart entgehen sie dem Prinzip der Bezeichnung und brechen als leere Signifikanten ein in die Sphäre der erfüllten

> Zeichen der Stadt, die sie durch ihre bloße Präsenz auflösen. (ebd., 26)

Der behandelte Artikel entstand in den ersten Stunden des Graffiti. Er muss als historischer Text gelesen werden, damit er auf seine Aktualität geprüft werden kann. Aus heutiger Perspektive wirkt die Begeisterung geradezu naiv, denn es ist offensichtlich: Graffiti hat das System nicht verwundet, sondern wurde mitsamt seinen konfrontativen Elementen und seinem quer laufendem Zeichensystem einverleibt, kommerzialisiert und lesbar/ungefährlich gemacht. Trotzdem sollte die Idee der Semiokratie als einen Mechanismus erkannt werden, der sich bis heute als eine neue Herrschaftsform in Form eines Monopols der „überall im urbanen Gewebe zerstreuten Codes" durchsetzt (ebd., 22). Zunächst erfolgt die allgegenwärtige Durchsetzung einer Marke, hinter der in einem zweiten Schritt die Konsumption der Waren steht. Die Stadt ist seit den 1960er Jahren zunehmend zu einem mächtigen medialen Zeichensystem „der herrschenden Kultur" (Baudrillard 1978, 25) geworden und Franck beschreibt dasselbe Verhältnis in zeitgenössisch postmodernen Worten, und daher auch ohne emphatischen Glauben an eine alternative Zukunft.

Im Unterschied zu den aufständischen Zeichen, die für Nicht-Eingeweihte noch schwer zu dekodieren gewesen seien, verhalte sich, um dem Argument Schmidts zu folgen, Streetart im Stadtraum anders und ist demzufolge eine Art kommunikative Erweiterung des Graffiti. Die Streetart-Kunstwerke

> wollen verstanden bzw. interpretiert werden und stehen nicht nur für eine Markierung des Raums, um das Zeichenregime der Stadt in Frage zu stellen. Street Art erweitert den von Baudrillard postulierten 'Aufstand der Zeichen' der Graffitis durch einen potentiellen Dialog. (Schmidt 2005, 147)

Katrin Klitzke, ebenfalls Absolventin am Berliner Institut für Europäische Ethnologie, fragt folgerichtig in ihrer Magisterarbeit vom Oktober 2005 danach, warum sich diese als kommunikativ bekannte Streetart in Berlin-Mitte und Friedrichshain weiterhin ausbreite, jedoch in zum Beispiel Berlin-Marzahn keinerlei Streetart-Aktivismus festzustellen sei. Die von ihr verzeichneten verwunderten Antworten der interviewten Streetartisten sind nur so zu interpretieren: Symbolische Aneignungen durch Streetartisten reproduzieren herrschende Raumbilder (vgl. Klitzke 2005). „Die Street Art-Routen, die die MacherInnen durch die Stadt unternehmen sind Teil ihres Lebensalltags, der damit einerseits erweitert, andererseits reproduziert wird" (Klitzke 2005, 83). Bestimmte Stadtgebiete werden bevorzugt und andere werden vermieden, „wenn die MacherInnen erahnen können, dass die Objekte dort kaum rezipiert werden" (Klitzke 2005, 87).

Streetart-Werke möchten also nicht leere Signifikanten sein, sie möchten gesehen, entdeckt, gelesen, verstanden und interpretiert werden. Die Orte der Kommunikation werden mehr oder weniger bewusst im Hinblick auf die zu erwartenden Rezipienten ausgewählt. Es ist einleuchtend, dass die Stadt, hauptsächlich: die Innenstadt, zum typischen Träger der Streetart-Zeichen wird, da hier nach wie vor die Konzentration von Menschen stattfindet (vgl. Breyvogel 1986). Denn Streetart ist Kunst, die rezipiert werden will und zwar von so viel Publikum wie möglich.

Streetart kann (sogar ganz im Gegensatz zu Graffiti, das mit Vandalismus usw. assoziiert wird) sogar als eine Form der Gentrifizierung[41] interpretiert werden. Banksy, der derzeit bekannteste und auf dem Kunstmarkt am höchsten gehandelte Londoner Streetartist, publiziert in seinem Buch *Wall and Piece* mit einem ironischen Verweis auf die Broken Window Theory[42] folgende Bitte, die in einer Email an ihn gerichtet wurde:

> I don't know who you are or how many of you there are but i am writing to ask you to stop painting your things where we live. In particular xxxxxx road in Hackney. My brother and me were born here and have lives here all our lives but these days so many yuppies and students are moving here neither of us can afford to buy a house where we grew up anymore. Your graffitis are undoubtably part of what makes these wankers think our area is cool. You're obviously not from round here and after youve driven up the house pieces you'll probably just move on. Do us all a favour and go do your stuff somewhere else like Brixton. (Banksy 2005, 130)

Ist Streetart Ausdruck oder Initiator solcher Entwicklungen? Es handelt sich sicherlich um eine wechselseitige Verstärkung. Die Streetartisten konzentrieren sich auf einen im Wandel befindlichen Raum - auch deswegen, weil sich ihr eigenes Leben an diesen Orten abspielt (vgl. Klitzke 2005/ Lang 1998) - und werten ihn in der Denkweise der neoliberalen Stadt gleichzeitig auf. Der Stadtteil gentrifiziert sich, die Mieten werden teurer, die Bewohner des Stadtviertels müssen wegziehen, selbst die Studenten und Künstler ziehen weiter und gut verdienendes Klientel zieht in die sanierten Wohnungen: „Das subkulturelle Kapital der Street Art transformiert sich so letztlich zu handfestem ökonomischem Kapital" (Schmidt 2005, 151).

Kommunikation der Zeichen

Kommunikation: Die Streetart-Produzenten

Die Streetartisten hauchen der kapitalistischen Logik der Durchsetzung einer Marke eine Form von Individualität ein. Es entsteht eine singuläre, flüchtige Beziehung zwischen Passant und Werk (Augé 1988, 87). Dies passiert, indem sie den Passanten andere, mehr oder weniger fremd wirkende, Bilderwelten vorführen und phantasievolle Gestalten oder Gedanken aufleben lassen. Oder indem Streetartisten auf spezielle Orte reagieren, ihre Bilder dementsprechend anpassen, sie auf den Ort hin entwerfen. Hinter Streetart stecken einzelne Personen, die ein Bedürfnis haben, (oder sogar strategisch verfahren, um) in Kommunikation mit einem Ort und den Menschen an diesem Ort zu treten[43].

Dave The Chimp, ein Londoner Streetartist und Musikvideo-Künstler und einer meiner Interviewpartner, erzählte mir, als es um die Kommunikation durch Straßen-Kunst ging:

> A picture is gonna communicate to more people than the words. (...) In the barrow next to mine, I did some work with..., a kind of children work show there. More than 150 different languages is spoken in that one barrow, so in London there must be like 250 different languages. So, if you wanna communicate, its through images! (...) I just think, its just people, who wants to communicate with the rest of the world in some way. But they haven't studied five years of art, they haven't studied philosphy for years. (Interview mit Dave the Chimp)

Dave The Chimp spricht den Aspekt der Eigenermächtigung an: dass Streetart keine bürgerlich anerkannten Qualifikationen wie Ausbildung und Qualifikation voraussetzt. Streetart kann ein Weg sein, sich ohne offizielle Autorisierung gegen die oben beschriebene Maßlosigkeit und Einförmigkeit der Werbung zur Wehr setzen, mit verschiedensten Leuten in Kommunikation zu treten und mit eigens entworfenen oder verdrehten Zeichen in den öffentlichen Raum einzugreifen und sich damit ein Stück der Öffentlichkeit (wieder-) anzueignen und Teil einer community zu werden.

Schauen wir uns exemplarisch vier weitere verkürzte Positionen und Motivationen an:

> Indem ich in den öffentlichen Raum eingreife, benutze ich ihn als Forum. (...) Außerdem macht man sich ja die Orte zu eigen, indem man sie bespielt. Wenn man sich also mit dem öffentlichen Raum verwebt, gibt es automatisch eine stärkere Ortsverbundenheit. (Gould in: Krause und Heinicke 2006, 100f)

> Mir hilft das, mich in einem relativ unabhängigen Zeichensystem zu orientieren, in dem ich mich geborgener fühle als mit den offiziellen Codes. (...) Ich denke, das hat mit meiner Tendenz zu tun, Dinge und Orte 'beseelen' zu wollen, so wie Kinder in einem beliebigen Gegenstand ein Wesen sehen können. (...) Man bringt Teile seiner Persönlichkeit nach draußen und setzt diese dann in sehr radikaler Form der Witterung, dem Verfall, der Zeit aber auch der Öffentlichkeit aus. (AEM in: Krause und Heinicke 2006, 104f)

> Mich erfreut der Austausch und die Gemeinschaft darin, darum, daran. All die Leidenschaft, mit der man Dinge in dieser Welt untereinander teilen kann. (...) Was wir tun, ist eine Möglichkeit, ist ein Echo, ist Gegenwehr, ist Ohnmacht, ist sinnlos, ist sinnvoll. (IDEE in: Krause und Heinicke 2006, 116f)

> Schon allein als Kampfansage an das ewige Putzen und Zerstören durch den kleinbürgerlichen Geschmack des Sauberen. (...) Dank Graffiti und jetzt Street Art habe ich ein Ventil gefunden, um meinen Dampf abzulassen. (NO LOGO in: Krause und Heinicke 2006, 136f)

Dampf ablassen, Dingen und Orten eine Seele geben, sich geborgen fühlen, sich Orte zu eigen machen, sich mit dem öffentlichen Raum verweben, Austausch und Gemeinschaft finden. Sich wehren gegen ein (ökonomisches Tausch-) System, Verwirrung stiften, Ortsaneignung, Kommunikation mit anderen und Teil einer subkulturellen Gemeinschaft zu sein... Widerstand, Aneignung, (visuelle) Kommunikation und Subkultur, das ist das vielseitige Programm der Streetart.

Vergänglichkeit: Die Streetart-Werke

Streetart-Werke sind vergänglich, da sie der Witterung und den Einflüssen des Stadtraums ausgesetzt sind. „Vergänglichkeit[44] ist eine der wesentlichen Qualitäten von Straßenkunst! Man kann sich auf der Straße einfach nicht ausruhen, weil sich soviel verändert. Das spornt einen auch an, immer wieder weiter zu machen" (Zitat Gould in: Krause und Heinicke 2006, 101). Die Vergänglichkeit der Werke spornt die Streetartisten immer wieder an. Zudem werden auch Verwitterungsprozesse ästhetisch betrachtet (vgl. Heinicke und Krause, 2006). Vergänglichkeit ist prinzipiell eine künstlerische Gegenstrategie im auf Bewahrung ausgerichteten Kunstmarkt.

> Bedingungen und Folgen des Kunstmarktes (...) sind auch Teil künstlerischer Gegenstrategien, beispielsweise durch Arbeiten, die flüchtig sind und an Vergänglichkeit erinnern; die sich auflösen, verschimmeln oder verrotten. (wikipedia: Begriff Kunstmarkt, Zugriff: 2. Februar 2007)

Jedes Streetart-Werk ist vom Künstler oder der Künstlerin selber an Ort und Stelle angebracht worden. Wenn überhaupt, dann verwirrt die Streetart gerade damit die Welt der Kunst. Sie erscheint greifbarer, ihre Produzenten näher und durch den Zuschnitt auf einen Ort, den man mit anderen teilt, konkreter. Durch spezielle Wissensaneignung werden die Produzenten der Streetart zu Raumexperten und befinden sich auf der fortwährenden Suche nach neuen Perspektiven in dem sie umgebenden Raum (vgl. Klitzke 2005, 65f). Auch die Werke erleben dadurch eine Professionalisierung im Hinblick auf die verwendeten Materialien und Untergründe und die breitere Rezeption (ebd.). Streetartisten erleben einen erweiterten Handlungsraum, da sie nicht passiv im öffentlichen Raum verkehren, sondern die sie umgebende Stadt unter dem Gesichtspunkt des Eingreifens und Veränderns betrachten (ähnlich wie viele Menschen innerhalb ihrer Privat-Wohnung ständig über Neuanschaffung oder ästhetische Feinheiten nachsinnen).

Freiheit: Die Streetart-Rezipienten

> Beim Spaziergang durch die Stadt erfordert es den (ein-) geübten Blick des Szeneexperten oder eben eigene Szenenzugehörigkeit, um aus der Fülle der Bilder und Zeichen etwas herauslesen zu können, das diejenigen, die sie entworfen haben, zuvor in sie hineingelesen haben. (Roth 2006, 250)

In Gesprächen zum Thema wird mir klar, wie unterschiedlich die Aufmerksamkeit auf der Straße verteilt ist und wie divers Menschen öffentliche Räume und Zeichen wahrnehmen können[45]. Die Bilder, Figuren, Gestalten, Raumideen und sonstigen Streetart-Objekte sind ein Angebot an die Mitmenschen, die in dem Moment Passierende sind. Die Werke können und dürfen wahrgenommen und gelesen werden, und sind darum in einer funktionalistisch ausgerichteten Stadt eine seltene Spezies. Die Rezipienten sind auf sich selbst gestellt. Niemand gibt ihnen eine Anleitung, wie die Werke gelesen werden können. Es gibt nicht, wie zum Beispiel im Museum für Moderne Kunst, ein Papier, in welchen eine Interpretation bereits verfügbar ist. Doch sind die Bilder im Grunde nicht ausschließend, da sie durch ihren Icon-Charakter von vielen direkt verstanden werden können (vgl. Völker 2007). Jene Menschen, die den Zeichen am Straßenrand ihre Aufmerksamkeit schenken, können sich von den Bildern und Eindrücken beflügeln, belustigen, bereichern lassen, sie können inne halten, so dass aus den Bilder phantastische Gedanken, Geschichten und visuelle Reisen entstehen oder auch kritische Aufmerksamkeit geweckt werden kann. Indem mit diesen Bildern für keine konkrete Ware hinter der Marke geworben wird, können sie zu eigenen Sinn-Bildern, Bedeutungsträgern, Motiven und Wegbegleitern werden.

Jeder Mensch verortet sich gegenüber dem Phänomen Streetart anders[46]. Der Kulturanthropologe Wolfgang Kaschuba erklärt, dass im Umgang mit Dingen die Dimensionen „Ästhetik und Distinktion" (Kaschuba 1999, 232) zum Ausdruck kommen würden. Mit dem französischen Ethnologen Pierre Bourdieu argumentiert er,

> [w]ir lesen die Dinge des Alltags als 'distinkte Zeichen', die uns vertraut oder fremd erscheinen und dadurch Wiedererkennen des Eigenen oder Abgrenzung vom Fremden ermöglichen. (...) Für jede soziale Gruppe existieren klare Grundkoordinaten eines 'legitimen' und eines 'illegitimen' Geschmacks, der innerhalb der eigenen Statusgruppe akzeptiert bzw. verworfen ist. (Kaschuba 1999, 233)

Das heißt letztlich, dass sich die Rezipienten auch durch ihre Art der Wahrnehmung des öffentlichen Raumes distinktiv unterscheiden. Wer nun, warum und wie, die Zeichen interpretiert und kommuniziert, das sagt etwas über den Habitus der jeweiligen Person aus. Kulturelle Abgrenzung verläuft typischerweise anhand der Aneignung von Kunst (und Stilen) und berichtet von der komplexen gesellschaftlichen Situation einer Person[47].

Die symbolischen Orte der Streetart

Wie bereits in der Einleitung dargestellt, stehen die Prozesse der Ästhetisierung, der Kommerzialisierung und der Romantisierung zunächst gleichwertig nebeneinander; sie kreieren die symbolischen Orte von ***Kunst, Kommerz und Subkultur.*** Ich nehme Subkultur in den Bereich der symbolischen Orte auf, um dadurch deutlich zu machen, dass sie sich erstens ebenso wie die Kunst und der Kommerz durch weltliche Kanäle und Gemeinschaften konstituiert und somit nur eine der möglichen Verortungen einer Praxis darstellt. Hierzu bemerkt Andreas Hartmann, der Diskurs als ein Denk- und Argumentationssystem begreift (vgl. Hartmann 1991, 20), dass die diskursive Kulturanalyse

> an soziale Gruppen und kulturelle Strategien gebunden [ist]. Zugleich wird er [der Gegenstand der Diskursanalyse, Anmerkung CW] immer auch durch handelnde Individuen präsentiert. In ständiger Wandlung begriffen, ist er nichtsdestoweniger mit Traditionen und Institutionen verknüpft, die seine Untersuchung zu einer kultur-, geistes- und sozialgeschichtlichen Aufgabe machen. Diskursanalyse (...) vermag an ihrem Objekt begreiflich zu machen, wie sich Wirklichkeit als ein Bedeutungssystem in den Köpfen konstituiert und wie dieses Bedeutungssystem sozial vermittelt wird. (Hartmann 1991, 28)

Ebenso wie hinter Kunst und Kommerz verbirgt sich auch hinter der Subkultur eine komplexe symbolisch-kulturelle Konstruktion, die über deren Weltlichkeit hinausgeht, erst durch bestimmte Prozesse und (Sinn-) Zuschreibungen entstanden ist und immer wieder von neuem bedeutsam wird. Die symbolischen Zuschreibungen und die Vorstellungen des Authentischen und deren Essentialisierungen müssen diskursanalytisch hinterfragt werden. Diesen 'mythologischen' Prozess bezeichne ich als Romantisierung. Auch Subkulturen unterliegen machtvollen Regeln, Ritualen, Vorstellungen etc., zum Beispiel indem sie von ihren Mitgliedern ein striktes Rollenverhalten und eine ganzheitliche Inszenierung verlangen: „Statt daß Subkulturen den Jugendlichen Ausdrucks-, Entfaltungs- und Orientierungsmöglichkeiten jenseits normativer Zwänge bieten, werden sie (...) zu Gehäusen normativ-stilistischer Hörigkeit" (Lindner 1985, 216).

Jedes Feld ist ohnehin von komplexen Verhältnissen durchzogen, die in die Darstellung miteinbezogen werden müssen:

> Machtverhältnisse, Kommunikationsbeziehungen und sachliche Fähigkeiten dürfen nicht miteinander verwechselt werden. Was nicht heißt, daß es sich um drei getrennte Bereiche handelt und daß es einerseits den Bereich der Dinge, der zielgerichteten Technik, der Arbeit und der Transformation des Realen gäbe, andererseits den der Zeichen, der Kommunikation, der Reziprozität und der Fabrikation des Sinns, und schließlich des der Herrschaft, der Zwangsmittel, der Ungleichheit und des Einwirkens von Menschen auf Menschen. Es geht um drei Typen von Verhältnissen, die allerdings immer ineinander verschachtelt sind, sich gegenseitig stützen und als Werkzeug benutzen. (Foucault 1999, 188f)

Michel Foucault, französischer Philosoph und Begründer der Diskursanalyse, prägte ein Verständnis von Macht, welches ein gesamtes Feld in einem komplexen Netz von Machtverhältnissen erscheinen lässt. Zwar kann ein Schaubild diese Totalität nicht bieten, da es sich zwangsläufig um die Abstraktion von Verhältnissen handelt, nichtsdestotrotz versuche ich diese komplexen Beziehungen in Form einer Grafik verständlich zu machen. Durch das Schaubild soll unter anderem aber verdeutlicht werden, dass der weltliche Ort der (Re-) Präsentation eines Werkes eine gewichtige Rolle im machtdurchzogenen Gefüge spielt und dass ein Getting Up stets auf dem Fundament von städtischer Kommunikation durch Zeichen aufbaut. Ein Getting Up hat gleichzeitig eine Bekanntheit zur Folge, die unvermeidlich Fremdwahrnehmung und Kontextualisierung mit sich bringt. Die Art und Weise der Repräsentation der Zeichen entscheidet über die Einordnung innerhalb der symbolischen Ordnung der Dinge. Der Vorgang der symbolischen Kontextualisierung durch weltliche Repräsentation ist der entscheidende Faktor von (Streetart-) Bedeutungsproduktion.

Schaubild: Der Diskurs der Zeichen

Die Visualisierung des Vereinnahmungs-Verhältnis kann als Grundlage zur vertiefenden Diskussion dienen und soll dabei um wichtige eigene Punkte ergänzt werden.

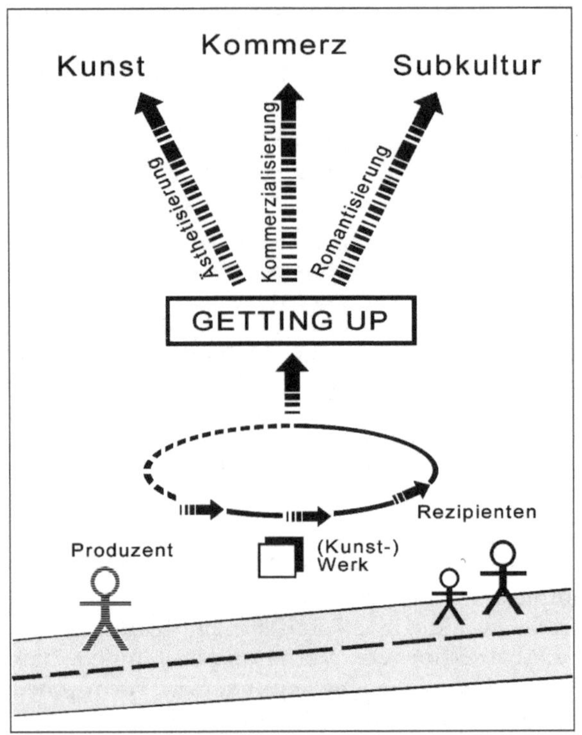

Anhand des Schaubilds können beispielsweise folgende Fragen gestellt werdem:

- An welchem Punkt würden im Schaubild Entmächtigungen und Vereinnahmungen auftreten? Welche Verhältnisse bestehen zwischen den einzelnen Kategorien und wie bedingen sie sich?

- Wäre die Streetart vor Entmächtigungs-Tendenzen geschützt, wenn sie nur (oder stärker) dem Prozess der Romantisierung ausgesetzt wäre? Was genau meint Romantisierung?
- Welche weltlichen Unterscheidungen gibt es zwischen Subkultur und Kunst und Kommerz? Was ist ein symbolischer Ort?
- Wo setzt die mediale Verbreitung des Getting Up an?
- Gibt es auch Austausch aller Beteiligten nur innerhalb des unteren Kommunikationskreislaufs: am konkreten Ort? Und unter welchen Bedingungen findet dieser Austausch statt?
- Was passiert eigentlich kulturell und symbolisch, wenn eine Streetart-Figur auf einem Turnschuh abgebildet wird?
- Ist der Kreislauf von Entstehung, Verbreitung und Vermarktung (vgl. Hebdige 1979) tatsächlich der einzige Weg, den ein subkultureller Stil nehmen kann?
- Kann das Schaubild auch auf andere Subkulturen übertragen werden?

6 Methode

Die Untersuchung von Kultur ist ihrem Wesen nach unvollständig. Und mehr noch, je tiefer sie geht, desto unvollständiger wird sie. (Geertz 1991, 41)

In der Architektur der Städte schlägt sich die symbolische Raumordnung unserer Gesellschaftsformation nieder. Räume und Menschen sind aus anthropologischer Sicht nicht zu trennen:

> Keine Analyse des sozialen Gefüges darf länger das Individuum verkennen, und keine Analyse des Individuums kann fortan die Räume ignorieren, durch die es sich hindurchbewegt. (Augé 1994, 141)

Doch: Nicht jeder Mensch sieht die gleiche Stadt, nur weil er durch die gleiche Stadt läuft. Die Kulturanthropologie berücksichtigt diesen Umstand zum Beispiel in den Konzepten und Methoden des Mental Mapping, Wahrnehmungsspaziergängen oder individuellen Orts- und Nutzungskartierungen (vgl. Welz 1991), um dadurch die Dialektik von Raum und Mensch zu beschreiben.

Streetart setzt an konkreten Orte in den Städten der Welt an und besetzt somit öffentliche Lücken. Die Erforschung von - und hier benutze ich bewusst den volkskundlichen Begriff - Straßenkunst ist ein klassisches und typisches Thema der Kulturanthropologie. Einerseits wird hierbei *Kultur* sichtbar und aufsammelbar präsent, andererseits wird an diesem Thema die Verwobenheit von Raum und Mensch deutlich. Wie schon die Höhlenmalerei der Steinzeitmenschen uns eine Lebenswelt vor Augen führen, so tun das auch die menschlichen Spuren in der postmodernen Großstadt. Was erzählen uns diese materiellen Objekte? Über die Zeit, in der wir leben und über das, was als populär gilt? Haben wir es hierbei mit Kunst oder Kultur zu tun? Wer trifft solche Entscheidungen? Und was sagt die öffentliche Meinung über die Werke aus? Kann das Malen, Zeichnen, Schablonieren und sich an Wänden zum Ausdruck bringen als anthropologische Konstante gehandelt werden?

> Die Wand stellt eines der ältesten Kommunikations- und Mitteilungsmedien da, sie diente den Verlautbarungen der Obrigkeit, war aber auch immer das Medium des Volkes, dessen Zorn sich hier schnell niederschlagen konnte. (Hebecker 1997, 265)

Die Wand kann als geschichtlicher und anthropologischer Ort betrachtet werden. Die Wand baut Grenzen, lässt ein Hier und Dort entstehen (ein Drüben). Sie leitet Wege und stellt Bereiche (z.B. Innen und Außen) her, indem es sie trennt. Es gibt Wände im öffentlichen und im privaten Raum, doch letztlich erschafft die Wand erst den öffentlichen und den privaten Raum. Vor ihr stehen Menschen, gehen an ihr entlang, lehnen sich an sie, reißen sie ein, mauern sie höher oder eben: verzieren, bemalen, ästhetisieren sie. Markierungen der Wand (ohne ökonomisches Interesse) durch den Menschen sind meist ein Kommentar zu dem konkreten Ort oder Kommunikation mit den nahen Anderen. Sowohl die fahrenden Wände der Subways und U-Bahnen (vgl. Cooper/Chalfant 1984), als auch die Berliner Mauer (vgl. Treeck 1999) und aktuell die Mauer in der West Banks im Grenzgebiet von Israel und Palästina sind Anziehungspunkte für diese Form politisch-visueller Äußerungen (vgl. Banksy 2005).

> Man könnte sagen, die Straße sei der wahre Schauplatz der Geschichte. Der geschlossene Raum steht für den Gedanken. Den privaten Menschen. Die einzelne Persönlichkeit. Die Straße steht für die Summe aller möglichen Personen. Die Beweglichkeit. Sie ist ein Barometer der Gesellschaft. Die Lebensader jeder menschlichen Zivilisation. Alle Straßen auf diesem Planeten haben zwei Dinge gemeinsam: Sie geben dir die Möglichkeit, deine physische Existenz mit kleinstmöglichem Aufwand in eine bestimmte Richtung zu manövrieren. Und zweitens: sie sind gekennzeichnet. Ein Weg wird erst dadurch zum Weg, dass er als solcher wiedererkennbar, das heißt mit Orientierungshilfen gekennzeichnet ist, bzw. wenn er, erst mal ausgetrampelt, selbst als Orientierungshilfe dient. So viel zur Straße und den Zeichen. (Nomad Uno, 2003)

Menschen schreiben sich auf verschiedene Arten in ihre Umgebung ein, sie eignen sie sich an, damit sie sich gleichzeitig in ihr gehen lassen können. Der Mensch ist immer zugleich beides, Subjekt und Objekt seiner Kultur - kulturfähig und kulturabhängig (vgl. Greverus 1987, 91f). So kann der gestaltete Raum „eine starke assoziative Kraft" gewinnen,

> die einerseits von der Beständigkeit der materiellen Umwelt abhängt, so dass die Gruppen ihre 'kollektiven Erinnerungen' im Raum wiederfinden können [Halbwachs 1950, 134,161] und andererseits davon, daß dieser Raum als von ihnen geprägter und sie prägender objektivierter Ausdruck ihrer Lebenswelt ist. (Greverus 1987, 273)

Kultur als Praxis

Die Kulturanthropologie befragt die Menschen selbst nach ihren alltäglichen Praktiken und den damit verbundenen (Be-) Deutungen, die sie mit einem Thema oder Phänomen teilen.

> Das heißt, ich versuche nicht, meine Fragen von der Meta-Ebene aus zu beantworten oder bereits formulierte Thesen durch Forschung zu bestätigen. Es ist eher der Versuch, Bedeutungsproduktion(en) in unserer Gesellschaft näher (und gleichzeitig aus der Distanz) zu betrachten und zu verstehen - ob sie nun sprachlich, bildlich, bewusst/unbewusst oder ritualisiert ablaufen. Deshalb stützt sich unsere Forschung - neben Sammeln von Artefakten und Beobachten von Alltagspraktiken - hauptsächlich auf Interviews und das Analysieren dieser. Eben auf die kleinen Äußerungen, die 'die Kultur' (deren Sinn und Bedeutung) ja letztlich ausmachen,

wie ich es in einer Interviewanfrage während meiner Forschungsphase formulierte.

Wolfgang Kaschuba drückt sein Verständnis von Kultur und Kulturanthropologie in seiner *Einführung in die europäische Ethnologie* folgendermaßen aus:

> Kultur kann danach weder als ein festes System von Traditionen, Werten, Handlungsmustern und Symbolen verstanden werden, das sich in beständiger Wiederholung fortsetzt (...). Kultur meint vielmehr den ständigen Prozess des praktischen Aushandelns jener Regeln, nach denen Menschen, Gruppen und Gesellschaften miteinander verkehren, nach denen sie sich untereinander verständigen wie gegenseitig abgrenzen. (...) Für eine europäische Ethnologie scheint mir dies zu bedeuten, daß sie Kultur zuallererst als alltägliche Praxis verstehen muß, als ein Ineinander von Verhaltensregeln, Repräsentationsformen und Handlungsweisen in konkreten sozialen Kontexten, eng an die Menschen als Akteure gebunden und nicht in einem über ihnen schwebenden Wertehimmel vermutet. Wie Menschen ihr Zusammenleben organisieren, welches Verhältnis zu sozialer Umwelt und Natur eingegangen wird und welches Bild sich die Menschen von diesen Beziehungen selbst - diese scheinbar so einfachen Fragen nach der Alltagskultur müssen im Vordergrund stehen. (...) Es geht also um Kultur als Praxis nicht nur im Sinne vordergründigen Handelns, sondern auch in dem von Vorstellungen und Deutungen, von Urteilen und Vorurteilen. (Kaschuba 1999, 107f)

Den Menschen als Akteuren kommt die Kulturanthropologie erst in der tatsächlichen Auseinandersetzung mit den einzelnen Subjekten näher: Eine Begegnung also mit einzelnen Menschen - und nicht *dem Menschen* schlechthin und seinem imaginierten Wertehimmel. Doch es geht um einen weiteren Aspekt innerhalb dieser Begegnung: Im Feld gibt es Momente, in denen man als Interviewerin merkt, dass das (teil-) authentische Individuum aufscheint (vgl. Greverus 1995). Denn es ist nicht nur das bloße 'Ich war da' der früheren Ethnologen, welches sie zu Übersetzern zwischen Kulturen machte. Es sind die Momente, die sie mit realen Menschen, mit Subjekten, geteilt haben und die Fähigkeit, die Sinnwelt dieser Subjekte (wenn auch selbstverständlich in beschränkter Komplexität) zunächst zu erkennen und zu verstehen und in einem dritten Schritt (meist in schriftlicher Form und durch *Dichte Beschreibung*, aber auch durch andere Formen der Textualiserung wie Film, Ausstellung u.ä.) an andere weiterzureichen (vgl. Geertz 1991). Auch mein kulturanthropologischer Ansatz ist die Art der Forschung, die keine Baukästen und Schubladensysteme entwirft, sondern die Welt aus der gleichen Augenhöhe betrachtet wie alle anderen Kulturwesen auch - dabei jedoch das Wundern und Fragen, das Zuhören, nicht vergisst. „Kultur zuallererst als alltägliche Praxis verstehen" meint jene Arbeit an den Selbstverständlichkeiten und Fragwürdigkeiten (also dem auf den Boden zurückgeholten Wertehimmel), um die großen Fragen der Gesellschaft in ihren bedeutsamen Fasern und Netzen annäherungsweise zu erfassen.

> Die Aufmerksamkeit, die eine ethnographische Erklärung beanspruchen kann, beruht nicht auf der Fähigkeit des Autors, simple Fakten an entlegenen Orten einzusammeln und sie wie eine Maske oder eine Schnitzerei nach Hause zu tragen, sondern darauf, inwieweit er zu erhellen vermag, was sich an derartigen Orten ereignet, und die Rätsel zu lösen weiß - was für Leute sind das? -, die befremdliche Handlungen in unbegriffenen Zusammenhängen zwangsläufig hervorrufen. (Geertz 1991, 24)

Es geht also nicht um Urteile, sondern um die Darstellung nachvollziehbarer Verstehensprozesse. Durch den Einblick in andere Lebensweisen kann das Eigene bereichert und auch besser reflektiert werden. Das Andere, nicht nur psychologisch, auch kulturell, ist darum die Grundlage des Selbst.

Es ist ebenso bedeutsam, nicht mit einer beschönigenden Brille an ein Thema heranzutreten. Gerade wenn es sich um ein Feld handelt, welches sich mit einer - wie auch immer gearteten - Teilkultur beschäftigt, denn diese sind für derartige (z.B. romantisierende oder exotisierende) Zuschreibungen, auch von Seiten der Wissenschaft, besonders anfällig. Darum habe ich versucht, mich „den diversen Selbsttäuschungen über Subversion und Rebellion (...) zu verweigern" (Holert/Terkessidis 1997, 10). Was mir übrigens als Angehörige einer Szene und mit den allzu weltlichen, alles andere als romantischen Erfahrungen von unharmonischen und nicht linear verlaufenden Gruppenbeziehungen nicht allzu schwer gefallen ist. Exotismus liegt mir fern, eher bin ich auf Überschneidungen und Ähnlichkeiten gestoßen. Wissenschaft und Alltagspraxis gehen Hand in Hand, gehen teilweise ineinander über, beeinflussen sich gegenseitig. Praxis und Theorie sind schwerlich voneinander zu trennen.

> Je mehr die Sozialwissenschaften voranschreiten und mediale Verbreitung finden, umso stärker müssen wir, um Bourdieu zu paraphrasieren, darauf gefaßt sein, im Forschungsgegenstand auf Sedimente vorangegangener Forschung zu stoßen. Zudem sind Interviews im Medienzeitalter keine außeralltäglichen Ereignisse mehr, der Befragte weiß in der Regel nicht nur, was ihn erwartet, sondern auch, was man von ihm erwartet, und er weiß dies zuweilen nur allzugut. (Lindner 1995, 39f)

Die Verflechtung von universitärem Feld und dem Feld der Kulturproduktion ist dementsprechend auch bei der Analyse der Interviews stets zu beachten.

Im Internet sind viele Interviews mit Streetartisten zu finden, die sich mit ihrer Motivation, ihren Arbeiten und ihren Ansichten beschäftigen[48]. In meinen Interviews geht es neben den Selbstbeschreibungen der Akteure hauptsächlich und in Abgrenzung zu diesen Interviews auch darum, gemeinsam den komplexen gesellschaftlichen Prozess der Etablierung einer kreativen Praxis zu erkunden.

Meine Feldforschung

Ein Selbstbild entsteht in der Auseinandersetzung und der Beziehung zu Anderen/zum Anderen. Die Fragen des Getting Up und der Fame-Produktion befinden sich in solchen Auseinandersetzungen.

> Was bedeutet überhaupt Identitätsbildung? Es bedeutet, sich festzulegen, was man einerseits sein möchte, andererseits aber nicht sein möchte. Das hört sich sehr banal an, kann für den Einzelnen jedoch durchaus schwierig sein. Stets müssen Entscheidungen getroffen werden, ob man eine Sache macht oder nicht macht, ob man sie gut findet oder nicht. Das sind Prozesse, die in der Writerszene eine ganz wesentliche Rolle spielen. (Treeck 2003, 103)

Von wem möchte ich anerkannt werden? Mit Subkultur kann Geschäft gemacht werden. Mit Subkultur kann berühmt geworden werden. Mit Subkultur kann Politik gemacht werden... Wie geht der Einzelne mit seiner Rolle innerhalb des umkämpften Streetart-Feldes um?

Wo sich Writing und Streetart auf der Straße noch stark differenzieren, so rücken sie unter dem Motto 'Kunst von der Straße' zusammen. Im Kunstkontext werden Graffiti und Streetart zusammen gedacht; nämlich als ausgewählte Einzelwerke oder einzelne Künstler. Die Unterschiede der Straße interessieren bei den Ausstellungen, die von ihrer Grundkonzeption her selektiv arbeiten, nicht mehr... Hier stehen die verschiedenen Werke gleichwertig nebeneinander. Warum hat sich Graffiti zuvor nicht dauerhaft im Kunstfeld verorten können? Es gab ja schon, wie die Kulturwissenschaftlerin Julia Reinecke in ihrem Buch *Street-Art. Eine Subkultur zwischen Kunst und Kommerz* schreibt, „drei Ansätze, Graffiti im Kunstfeld zu etablieren: das erste Mal Ende 1972, das zweite Mal 1980, das dritte Mal seit 2000. Der dritte Ansatz unterscheidet sich von den ersten beiden und vermischt sich mit Street-Art" (Reinecke 2007, 26). Dieser dritte Ansatz repräsentiert sich in ungleichen Ausstellungen in Galerien, Museen und an verschiedenen alternativen Orten und scheint nicht nur ein kurzfristiger Trend zu sein, sondern tatsächlich die Etablierung eines neuen Kunst-Genres zu veranschaulichen.

7 Meine Interviews

Die Dinge sind immer polysemische Bedeutungsträger, die eine Vielzahl von Zuschreibungen, Assoziationen und symbolischen Funktionen ermöglichen. Mit dem Gebrauch, der Inszenierung und der Ästhetisierung der 'Dingwelten' werden Bedeutungskontexte geschaffen. (Kaschuba 1999, 234)

Meine Fragen während der fünf leitfragenzentrierten Interviews (vgl. Bernard 1998) und den zwei Email-Interviews drehten sich um die eigene Geschichte und Motivation der Künstler und Kuratoren, um die Sell Out-Debatte und um ihre Haltung und ihren Ansatz im Hinblick auf Streetart-Ausstellungen (Sind Streetart-Ausstellungen 'Verrat'? Was verändert sich im Rahmen eines Ausstellungskontextes wie dem Museum oder der Galerie? Usw.) – also um die Fragen der Repräsentation...

> Aus der Repräsentationsfunktion ergibt sich eine neue Möglichkeit der Abgrenzung innerhalb des Popfeldes. Heute geht es nicht mehr darum, wer gerade im Besitz der vorgeblichen Authentizität von Pop ist, sondern darum, was und wer in bestimmten Spielarten von Pop repräsentiert wird: Konzepte der Affirmation oder solche des Widerstandes; der Mainstream oder die Subalternen. Was bedeutet 'repräsentieren'? Repräsentation ist die Vor- und Darstellung einer Sache in einem anderen Medium. (...) Ob die dargestellten Konzepte affirmativ oder oppositionell sind, kann oft nur entschieden werden, wenn man untersucht, für wen dort repräsentiert wird. Im Akt des Repräsentierens kann sich also eine Stellvertretung ausdrücken. (Holert/Terkessidis 2007, 18)

Eine der Hauptfragen in der Analyse des Phänomens Streetart dreht sich um die Kontextualisierung und damit um die Repräsentation des Phänomens. Danach entscheidet sich, wie und als was die Objekte betrachtet werden. Der Journalist Christoph Gurk gewinnt in seinem Aufsatz *Wem gehört die Popmusik?* ein letztes Kriterium der Unterscheidung zwischen Konformität und Subversion: „Die Frage, an der sich 'Dissidenz' neu definieren könnte, muß vielmehr lauten: Wer repräsentiert was unter welchen Bedingungen? Da die Demarkationslinien nicht mehr entlang der klassischen Unterscheidung zwischen Underground und Mainstream verlaufen" (Gurk 1997, 35f), gilt es also, die Unterschiede zwischen den Repräsentationen zu erörtern. Doch: „Differenz ist nicht gleich Differenz" (ebd., 35). Und so macht es einen Unterschied, wer und in welchem Rahmen die Streetart repräsentiert wird. Mit der klassischen Unterscheidung zwischen Museum und Galerie kommen wir hierbei nicht allzu weit[49].

Im Folgenden werde ich aus meinen sieben Interviews drei intensiv untersuchen und stelle damit drei verschiedene Repräsentationspraktiken exemplarisch vor. Manch einem Leser/einer Leserin mag es eventuell fremd erscheinen, dass in wissenschaftlichen Abhandlungen lange Auszüge aus Interviews einzusehen sind, und dies beansprucht tatsächlich eine ungewohnte Haltung dem Text gegenüber. Diese Form benötigt Zeit und die Offenheit, keine schnellen Ergebnisse zu erwarten. Es gibt die Möglichkeit, auch selbst an der Interpretation teilzunehmen. Meine Interviewpartner zu Wort kommen zu lassen, ist mir somit ein Anliegen. Nicht zuletzt darum, weil ich die Vorstellung, die der Ethnologe Clifford Geertz in der Einleitung zu seinem Buch *Dichte Beschreibung* entwirft, maßgeblich für ein ethnologisches Selbstverständnis halte:

> Die eigentliche Aufgabe der deutenden Ethnologie ist es nicht, unsere tiefsten Fragen zu beantworten, sondern uns mit anderen Antworten vertraut zu machen, die andere Menschen (...) gefunden haben, und diese Antworten in das jedermann zugängliche Archiv menschlicher Äußerungen aufzunehmen. (Geertz 1991, 43)

I Beyond Streetart

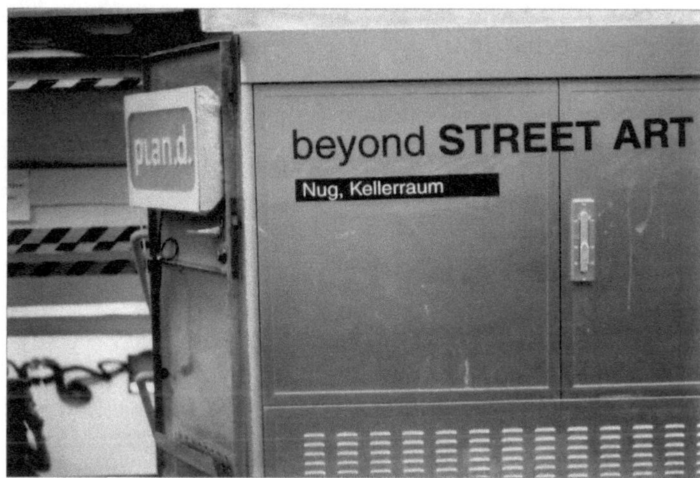

Beyond Streetart-Ausstellung, Düsseldorf 2007

Am Tag nach der eingangs beschriebenen Ausstellungseröffnung findet das Interview in der Galerie Revolver statt.

> Revolver ist ein Gemeinschaftsprojekt. (...) Das ca. 45 m² große Ladenlokal im Herzen Düsseldorfs (Flingern) präsentiert regelmäßig Künstler verschiedener Disziplinen. Obwohl Revolver den Zusatz Galerie im Namen trägt, ist der Ansatz doch ein anderer: Ziel ist es, durch die Ausstellungen und Aktivitäten, wie Lesungen und Filmabende, den kulturellen Austausch überregional zu fördern. Revolver ist nicht kommerziell und will es auch nie werden. (www.revolverhelden.de, Zugriff: 24. November 2007)

Hier treffe ich auf Christian Heidemann und Robert Kaltenhäuser, die Organisatoren und Kuratoren der Ausstellung. Leider können die beiden für das Interview die Ausstellungshalle nicht verlassen, weil sie diese zu beaufsichtigen haben. Deshalb gibt es immer wieder Unterbrechungen unseres Gesprächs aufgrund von Nachfragen der Ausstellungsbesucher. Alles in allem entwickelt sich trotzdem eine anregende Diskussion – meiner Meinung nach besonders dadurch, dass Robert versucht, mir seine Lesart der Streetart-Subkultur mit der (mir vertrauteren) linkspolitischen Subkultur in Vergleich zu setzen, um ähnliche Mechanismen herauszuarbeiten. Er versucht sich sozusagen als Übersetzer und ist konzentriert und darauf bedacht, dass seine Ausführungen bei mir ankommen und verstanden werden. Ich werde von den beiden mit Interesse behandelt und bin gleichwertige Gesprächspartnerin – nur, dass ich über dieses Thema noch nicht so gut Bescheid weiß und mehr der Wissenschaftsecke zuzuordnen bin. Obwohl Robert selbst auch Philosophie-Student ist, werde ich in Düsseldorf scherzhaft als die Jungwissenschaftlerin gehandelt.

> Beyond, beyond heißt einfach: Darüber hinaus. Streetart ist jetzt nicht einfach nur Sticker irgendwohin zu kleben, sondern Streetart ist einfach viel mehr. Und unsere Künstlerauswahl zeigt auch, warum es beyond streetart ist. Weil Leute, die sich sehr autark entwickelt haben, ohne jetzt zu sagen, ich mache Streetart, und ham dann losgelegt, sondern die haben sich entwickelt. Oder haben irgendwann den Bedarf gehabt, in die Außenwelt zu gehen. Und gesagt: das machen wir in der Öffentlichkeit. Und deren Materialien, die Werkzeuge - weil es muss eben schnell gehen - die Sprühdose ist. Den öffentlichen Raum und auch darüber hinaus zu gehen: auch in verschiedenen Bereichen. (Christian)

Schon in meinem ersten Interview zum Thema fällt mir auf, dass ich mich mit Experten unterhalte, die sich bereits öfter Gedanken über ihrem theoretischen Ansatz und ihre Definition von Streetart gemacht haben. Die Auseinandersetzung mit dem Phänomen und eine eigene, persönliche Verortung in die durch Streetart aufgeworfenen Fragen ist gleichzeitig ein charakteristisches Zeichen dieser Subkultur. Robert und Christian wissen genau, welche Sprayer auf ihre Ausstellung eingeladen werden und welche nicht, denn sie verfolgen mit ihrer Art der Repräsentation von Streetart eine Idee. Und zwar nur die Besten/die Relevantesten auszustellen, was in diesem Falle diejenigen meint, die das „Graffiti-Ding" am radikalsten durchziehen. Bei Robert, der in Düsseldorf die Künstlerauswahl getroffen hat, und der ab diesem Moment das Gespräch maßgeblich übernimmt, erscheint die Auswahl und Anfrage der Künstler als eine Art der Auszeichnung, da nur diese wenigen seiner Meinung nach die „Zugangskriterien" erfüllen würden. Er beschreibt zunächst die Entwicklung der Graffiti-Szene, um anhand dieses Beispiels klar zu machen, worum es ihm geht:

> Du kommst jetzt aus der Graffiti-Szene, ja. Ganz normales Graffiti, was man eben so kennt, was überall so ist. Also, es ist im großem Maße total klischeehaft und auch nicht sehr inspirierend in der Masse, geht nicht so großartig weiter und hat ne lange Zeit sehr stagniert. Und alles sieht gleich aus. Auf allen Feldern des Lebens ist das so, wenn sich Grüppchen bilden und alle das Gleiche machen: das ist halt überall langweilig. (...) Alles sieht gleich aus. (...) Etwas, was vom Ansatz her meine Sache ist, ne ganz coole Sache ist, fängt an, zu verkrusten und die Vollidioten, die einfach nur so ne behagliche Heimat suchen, und einfach das Gleiche mitmachen wollen, was andere machen. Das war im ganzen Graffiti so, ja. Dann gab's jetzt, um die Jahrtausendwende

> rum, in den letzten Jahren diese Streetart, als neues Ding, was halt so... wo sowohl Graffiti-Sprayer dann da rübergeschwenkt sind als auch so Leute, die jetzt nicht sich ihr Leben lang wirklich der Kriminalität widmen, aber auch mal Graffiti-Adventure machen wollten. Und das ist ganz schnell so nen Trend geworden, so designermäßig: cool, und urban, und irgendwie medial verwertbar. Aber irgendwie ohne Kern. Also, das ist jetzt in ganz kurzer Zeit umgeschlagen in eine Sache, wo alle Leute, die irgendwie so das klassische verbohrte Graffiti machen sowieso, aber auch diejenigen, die sich wirklich der Sache widmen und auch radikaler sind; das es schon weh tut, mit sowas zusammen in einem Topf geworfen zu werden... so! (dieses und die folgenden Zitate: Robert)

Robert holt weit aus, um zu erklären, in welchem Kontext das Wort Streetart bei ihm und dieser Ausstellung von mir (und den anderen Ausstellungsbesuchern) verstanden werden soll. Es scheint vieles mit dem Begriff verbunden zu sein, von dem er sich abgrenzen will. Es gehe eben nicht um dieses angepasste, schicke Designer-Trend-Ding, sondern um eine ernsthafte, „radikale" Sache mit Kern! Er setzt sich mit dem Streetart-Hype auseinander und erklärt seine Position. Er urteilt diejenigen Menschen als Mitläufer ab, „die einfach nur so ne behagliche Heimat suchen". Weil diese eine Sache, die vom Ansatz her gut sei, zum Verkrusten bringen würden, indem sie keine neuen Ideen und Impulse einbringen würden. So sei es sowohl im Graffiti als auch in dem neuen Trend Streetart passiert. Darum, weil Streetart in so kurzer Zeit zu einer verwertbaren Angelegenheit geworden sei, hätten sich viele der radikalen und ernsthaften Leute von diesem Trend auch wieder verabschiedet.

So sei auch der Ausstellungstitel beyond streetart entstanden:

> Wir wollten dann trotzdem dieses Schlagwort benutzen. Wir haben diese Streetart genommen, aber Streetart besser. So nach dem Motto. (...) Dann bist du bei Leuten, die eigentlich mit der Methode Graffiti wieder vorgehen! Die nicht diese Wisch-Waschi-Sachen machen mit Aufklebern und klein und so, sondern die großflächig in verbotenem Terrain und auch dauerhaft, hartnäkkig vorgehen. Aber das, wie man ja heute sehen kann, mit völlig anderen Inhalten, mit eigenen Inhalten, mit Nicht-Klischee-Inhalten selber füllen. Und das ist so halt eben: das sind wir. Und zusätzlich zu dem Kriterium nach dem Motto: das ganze Ding auf dem verbotenen Level richtig konsequent durchzuziehen und sich praktisch in der Öffentlichkeit zu verbreiten.... Zusätzlich als Zugangskriterium, Leute von denen ich denke oder wußte, daß sie praktisch diese Relevanz zumindest auch noch anklingen lassen können, wenn sie in oder mit Galerien was machen.

Hier gehe es nicht darum, ein lustiges buntes Zusammentreffen von Streetart-Aktivisten zu veranstalten („das Klischee Streetart ist das Allerschlimmste! Das ist halt dieses..., die aus der Agentur kommen..." oder Christian an anderer Stelle: „nicht: das mach ich jetzt auch, sondern aus dem eigenen Verlangen und Bedarf heraus."), sondern letztlich gerade jene Elemente in der Szene zu adeln und zu repräsentieren, die selbständig zur Methode Graffiti gekommen sind und die auf eine radikale Art arbeiten: „dass sie eben Gesetze übertreten und sich selbst mit allem zur Verfügungsmasse machen, indem sie sagen, ok, zur Not muss ich halt ins Gefängnis." Diese Leute auszustellen sei „wie RAF-Leuten gute Jobs anbieten. So ungefähr."

Es geht um die im Exkurs bereits beschriebene Erinnerung an die Erfahrung von Streetart als illegale und radikale Aktion im öffentlichen Raum, selbst dann, wenn sie im Museum repräsentiert wird. Somit sieht Robert die Galerie nicht als Verrat an der Sache, sondern als die Verlängerung und de facto Ausweitung der radikalen Aktion - als Aufweichung und Zersetzung feststehender Grenzen und Kategorien:

> Weil wir ja mit diesem Ort wieder nur zersetzen und aufweichen, dass man Graffiti diffamieren kann als irgendwas Ungewolltes. (...) in der - praktisch - Machtposition des Galeristen und Kurators gehen wir hin und sagen, wir stellen nur die aus, die auch wirklich illegal ganz viel rumschmieren.

Robert ist sich der Gatekeeper-Funktion[50] eines Kurators (vgl. Reinecke 2007, 131f) bewusst, und möchte in diesem Bewusstsein diejenigen Künstler auswählen, die tatsächlich auf der Straße, öffentlich und illegal, ihre Nicht-Klischee-Inhalte verbreiten. Als Beispiel dient ihm ein Kunstwerk von Os Gêmeos, welches an die Scheibe in der Galerie Revolver gesprüht ist. Robert erklärt, warum dieses Bild auf „geniale Art und Weise" eine Antwort sei auf die Mainstream-Ideenwelt und auf die Klischee-Reaktionen vom „Normal-Mensch":

> Stell dir das Tag allein vor: [mit verstellter Stimme:] 'Was soll denn daran Kunst sein? Die bunten Bilder sind ja schön. Aber...' (...) Weil, wie kann das sein: die, die so Figuren so genial malen können, das sind ja die Gleichen, die das andere auch machen. Und es reflektiert so richtig. Wer das jetzt gesehen hat, der kann eigentlich nicht mehr diese Pauschal-Antwort zwischen den Tags und den schönen bunten Graffitis, die man aber mag, vertreten. (...) Was der Normal-Mensch halt nicht unterscheiden kann, was eigentlich auf den ersten Blick total scheiße aussieht, aber total gut ist. Ja. Es ist nicht mehr wirklich möglich, ein Klischee zu vertreten. Diese Phrasen werden halt einfach zersetzt. Du kannst halt nicht hingehen und sagen, (...) Es kann nicht mehr getrennt werden. Es ist verbunden. Wie kann das schlecht sein, wenn das

> gut ist? Wie kann man das Bild auf der S-Bahn ablehnen, was man sich in der Galerie anguckt?

Robert hofft, dass durch die starke Reflexion, die in einem Werk wie dem von den Os Gêmeos-Brüdern steckt, den normalen Passanten die Unterscheidung in gutes und schlechtes Graffiti auch schwerer fallen würde. Dass also der reflexiven Rückbindung an die Straße gleichzeitig dieser kritische Gedanke hinzugefügt würde[51]. Zumindest im Idealfall einer wirklichen inhaltlichen Auseinandersetzung mit dem Gezeigten. Es ist nicht wichtig, ob das wirklich erreicht werde: „Aber im Werk ist es angelegt, darauf kommt's an!" (Email-Kontakt, Januar 2008)

Robert benennt die Backjumps-Ausstellung zwar als Anstoß, kritisiert jedoch die dort vorherrschende „mangelnde Konzentration auf die besten/die relevantesten Leute". Die Düsseldorfer dagegen machen „aus der Not ne Tugend" und präsentieren mit „begrenzten Mitteln, kein Geld, wenig Raum, wenig Leute" eine kleine, feine, exklusive Auswahl von Streetartisten.

Auf Nachfrage nach dem politischen Aspekt der Ausstellung meint Christian, es sei „nicht unwichtig", stehe „aber nicht im Vordergrund" und Robert ergänzt:

> Es gibt ja zweierlei politischen Aspekt bei der Kunst. Der Aspekt, der überhaupt nicht reinspielt, ist natürlich: stellt diese Kunst als ideale formale Kritik irgendwelche politischen Sachen dar oder nicht. Sowas tut es vielleicht ansatzweise [deutet auf die Bilder von Os Gêmeos], das wohl auch [deutet auf die Bilder von Harald Naegeli] oder das wohl eher nicht [deutet auf ein Bild von Nina]. Aber der politische Aspekt liegt einfach in der Tat selber. Hier, da [zeigt auf einen Text an der Wand über den Naegeli-Bildern: 'Der Angeklagte hat es verstanden, über Jahre hinweg und mit beispielloser Härte, Konsequenz und Rücksichtslosigkeit die Einwohner von Zürich zu verunsichern und ihren auf unserer Rechtsordnung beruhenden Glauben an die Unverletzlichkeit des Eigentums zu erschüttern.']. Das ist Qualität. Das hat der Richter uns netterweise schon geschrieben, wir müssen es nur noch verfolgen. Einfach indem man das tut, ist das politisches Geschehen. Selbst wenn man sich für dermaßen unpolitisch hält, ja.

So gäbe es also rein formal Unterschiede in den Werken der einzelnen Künstler, doch der politische Aspekt liege in der Tat selber begründet. Es würde durch Graffiti, wie der Richter es in dem Urteil gegen Harald Naegeli von 1981 klar benennt, einer der Grundpfeiler des kapitalistischen Systems, das Recht auf Eigentum, erschüttert. Es ist einleuchtend, warum diese Tat, selbst wenn sie nicht mit diesem Bewusstsein geschieht (bei Naegeli wohl eher, bei manch einem jungen Sprayer wohl eher weniger) innerhalb des rechtlichen und gesellschaftlichen Maßstabs als politisch gewertet wird. Das hat Naegeli dann auch in Form einer neunmonatigen Haftstrafe zu spüren bekommen.

Sehr bestimmt weist Robert die Frage nach lokaler Prägung zurück: Das muss ja nicht unsere Prägung mit Altbier und Karneval sein, die das hervorruft. Eine völlig, völlig zufällige persönliche Entwicklung. Er möchte diesen Teil seiner Identität nicht hervorgehoben wissen, denn er möchte nicht auf diesen komischen Lokalpatriotismus (...) verfallen. Ihm erscheint ein anderer Aspekt am Graffiti als wichtig. Nicht derjenige, der vom Lokalen erzählt, sondern der, der sich am und ins Globale und Internationale konzentriert:

> Als Graffiti-Leute, ja, kannst du schon mal überhaupt, kannst du eigentlich in dieser total vernetzten weltweiten Szene, nimmst du eigentlich schon die Abschaffung der Nation vorweg. Für dich selber und für'n paar andere Leute. Weil es interessiert ein Scheiß und man muss einfach offen sein. Du kannst ja nicht ankommen und irgendwie nen Rassist sein oder so was, geht ja gar nicht. Und das find ich total cool.

Graffiti erscheint in Roberts Erzählung als die gelebte Vorwegnahme einer wünschenswerten Entwicklung, die in einem kleinen Kreis schon verwirklicht sei - als gelebte Utopie. Roberts tatsächlichen Erfahrungen stimmen damit überein, wie ich später in Gesprächen erfahre: Er sei ja auch schon mit Os Gêmeos und anderen durch Brasilien getourt und sie hätten dort an verschiedenen Projekten gemeinsam gearbeitet. Unter anderem seien sie bezahlt worden, um dort Züge zu bemalen. Daraus sei eine Freundschaft entstanden. Robert versteht „Graffiti als Phänomen", welches eine den einzelnen, auch schlechten, nicht erfreulichen Werken übergeordnete Kategorie ist. Graffiti als einzelnes Werk ist somit ästhetische Aushandlungssache, während Graffiti als Phänomen grundsätzlich wertvoll ist: „Das heißt nicht, dass ich mich freue, wenn ich ein Graffiti sehe, weil wenn das Graffiti scheiße ist, dann freu ich mich nicht." Er schätzt an Graffiti, dass deren Ausdrucksformen in der ganzen Welt verstanden werden: „Es ist ein Ding, das kannst du überall verwenden" und dass das Phänomen in Bewegung bleibt:

> Es ist nicht so, (...) am besten bewahren wir dieses kulturelle Erbe in irgendeiner Form da auf: ne! Sondern es ist alles im Fluss, es kann gemacht werden, was will. Und: Wenn hier nen Brasilianer ist oder ich in Brasilien ja, dann is das halt einfach, ja, total cool.

Er verweist abschließend darauf, dass trotz der „steckengebliebenen Phänomene" weiterhin Möglichkeiten zum radikalen Betreiben der Sache bestehen würden: „Die Methode, irgendwas Verbotenes zu tun, um einfach diese Freiheit auszuleben, die bleibt, ja." Mit der Ausstellung hofft er, einen Impuls in Richtung des eigenständigen, widerständigen Handels zu setzen:

> Wenn ich mich in der Verantwortung sehe, nen Impuls zu geben, welche Richtung man eher einschlagen sollte, dann mach ich halt so was wie hier. Ja: zu sagen, macht mal was Eigenes, benutzt Graffiti einfach als Methode, um euch selber auszuleben, und folgt da nicht irgendwie irgendwelchen Trends!

Es liegt hier ziemlich klar auf der Hand, dass man es bei der Düsseldorfer Streetart-Repräsentation mit idealistischen Veranstaltern zu tun hat, die ein Interesse an der Ausrichtung eigener Events mit subkulturellem Charakter haben. Für die nicht marktwirtschaftlich orientierte Galerie hat sich ein Kollektiv zusammen gefunden, welches für die Ausstellung ein neues, kurzfristiges Bündnis mit befreundeten Menschen eingeht, um gemeinsam diese Ausstellung auf die Beine zu stellen. Kuratoren sind hier gleichzeitig Galeriebetreiber, Katalog-Texter, Fotografen, Presseverantwortliche und Ausstellungsaufsichten. Die Bündnispartner professionalisieren sich mit diesem Projekt selbst. Nicht als Lohnarbeiter oder spezialisierte Arbeitskräfte in Ausführung eines erhaltenen Auftrags, sondern für ihre allgemeine Eigenständigkeit und die möglichen Entscheidungsfreiheiten erarbeiten sie sich in diesem Projekt alle notwendigen Schritte in komplexem Ausmaß. Es werden Freunde und Bekannte eingebunden, die sich mit anderen Praktiken wie DJing, Partyveranstaltung, Webdesign und Ähnlichem auskennen, womit diese sowohl in ihrer speziellen Praxis anerkannt werden, als auch die Nähe der subkulturellen Tätigkeiten untereinander zum Ausdruck gebracht wird.

Der Anspruch ist gleichzeitig hoch. Weil die Leute sich in ihrem Projekt relativ frei und kreativ entfalten können, möchten sie ein möglichst zufriedenstellendes Ergebnis. So kann man an den produzierten Texten, dem Katalog mit der Aufkleber-Idee[52], der Gestaltung der Internet-Seite, dem Flyer und an den Auftritten am Eröffnungsabend die sowohl liebevolle Handschrift als auch den professionellen Anspruch der Hauptprotagonisten und -protagonistinnen und ihrem Umfeld erkennen. Man kann im Sinne des Politikwissenschaftlers Christoph Bieber davon sprechen, dass subkulturelle Zusammenhänge einiges Potenzial zur Selbstprofessionalisierung bergen (Bieber 1997, 270). Zur „grafischen Gegenkultur" (ebd., 265) gehören in Biebers Verständnis neben Webseiten, Flyern und Fanzines als Ausgangspunkt auch die Graffiti der 80er Jahre. Zur Verortung dieser gegenkulturellen visuellen Kommunikation zwischen Mainstream und Subkultur schreibt er:

> Der kreative Umgang mit visueller Kommunikation verliert so zwar vordergründig den Gestus des öffentlichen Protests, kann

> dafür aber durch eine Umgestaltung 'von innen' bestehende Regeln brechen und neue Leitsätze definieren. Eine solche Entwicklung entbehrt jedoch nicht einer bitteren Ironie – schließlich rebellierten die Protest-Pieces der Graffiti-Writer mit genau den Mitteln, die es ihren Nachfolgern ermöglichen, ein Teil des Esthablishments zu werden. (Bieber 1997, 271)

Die beyond steetart - Veranstaltung finanziert sich weitestgehend über Sponsoren, die eine Projektnähe haben, wie Skater-, Bekleidungs-, Spraydosen- oder Print-Service-Firmen, welche im Katalog und auf dem Flyer abgedruckt sind. Hiervon werden sowohl die Materialien als auch die gesamte Künstlerbetreuung bezahlt. Sponsoring/Fundraising scheint innerhalb der Subkulturen ein (zunehmend) anerkanntes Mittel der Finanzierung zu sein (vgl. Reinecke 2007, 138f). Die Förder-Töpfe der Städte, der Länder und des Bundes werden mit wenig Bedenken auch für subkulturelle Projekte beansprucht. Auch bestimmte akzeptierte und naheliegende Marken oder kleine Geschäfte wurden als Unterstützer angefragt[53]. Da die Ausstellung kein Geld über Eintritt einbringt und der Katalog auch gerade mal sich selbst finanziert, gilt es, in diesem Projekt trotz Sponsoring, viele Aufgaben unentgeltlich zu übernehmen oder stilvoll zu sparen, indem die Verpflegung mit gemütlichem Grill-Essen im Park organisiert wird und die Künstler privat übernachten. Selbstorganisierte Projekt-Arbeit wandelt sich von langfristigen politischen Zusammenhängen und Diskussionsgruppen hin zu Bündnissen im Hinblick auf die Realisation eines konkreten gemeinsamen Projektes[54], wodurch aber doch die einzelnen Beziehungen zwischen den Subjekten innerhalb der Subkulturen durch die eigenen Anerkennungssysteme gestärkt und gefestigt werden.

II High Art

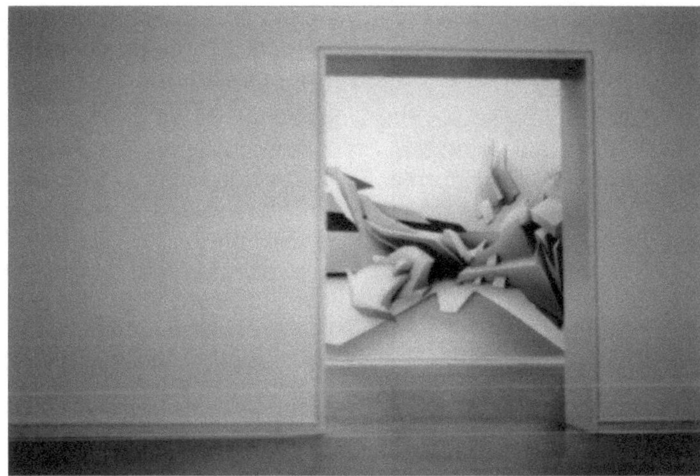

Still on and non the wiser-Ausstellung, Wuppertal 2007

Als nächstes besuchte ich im Von der Heydt-Museum Wuppertal die Ausstellung 'Still on and non the wiser', welche sich mir bereits auf meinem Weg durch Wuppertal hin zum Geschwister Scholl-Haus im Stadtteil Barmen (in welchem die zeitgenössische Kunst von nun an untergebracht werden soll) durch Aufkleber ankündigte. Außerdem komme ich an vielen großformatigen Streetart-Kunstwerken vorbei, die teilweise schon von der Schwebebahn aus zu sehen sind. Der Künstler Blu hat mit anderen Künstlern die Stadt Wuppertal im Rahmen einer von einer Getränkemarke gesponsorten Outdoor-Ausstellung (www.outsides.de, Zugriff: 29. November) mit seinen Werken durchzogen.

Der Titel 'Still on and non the wiser' trägt erneut den bereits von Robert und Christian ausgeführten Gedanken in sich, dass Leute nicht für die Kunstproduktion an sich sprayen, sondern eine Kontinuität darin herrscht, 'nicht weise zu sein' (was im Zusammenhang mit Graffiti und Streetart auf die illegalen Handlungen anspielt). Es beschreibt zudem die Konstruktion eines Sprayers als zwangsläufig und *naturgemäß* sprayend und trotz Kommerzialisierung und Einbindung in den Kunstmarkt unbelehrbar bleibend und am Unerwünschten festhält. Das heißt gleichzeitig, dass da jemand schon Erfahrung gesammelt und seine Laufbahn gemacht hat, und somit zwar nicht klüger in seiner Handlung geworden ist, aber doch ein ästhetisch anspruchsvolles, ausgereifteres, reflektierteres Stadium erreicht hat.

Trotzdem unterscheidet sich diese Ausstellung von der beyond streetart Ausstellung. Der Titel ist keine spontane Idee, sondern ausgesprochen überlegt ausgewählt worden, wie ich im Gespräch mit dem Kurator Rik Reinking erfahren werde. Ihn treffe ich einige Wochen darauf in seinem Hinterhof-Atelier-Büro-Lagerraum in Hamburg.

Es wird ein langes Gespräch. Er ist nicht viel älter als ich, zwischen 30 und 35 Jahre alt. Trotzdem trennen uns Welten. Die Kunstwelt, die er als langjähriger Kunstsammler und Kurator kennt und in einer interessanten Weise selbst verkörpert, ist mir fremd. Ich lasse mir erzählen, erklären, frage nach oder verstehe manches aus der Insider-Welt der Kunst auch erst im Nachhinein. Es sind auch teilweise Versatzstücke aus Interviews, die ich bereits im Vorhinein gelesen hatte, die er mir liefert. Ich begreife diese Art des Redens und sich Darstellens als Teil einer (öffentlichen) Identität: einer Rollenperformanz. Das, was er mir in unserem Interview präsentiert, sind die Regeln und Funktionsweisen der Kunstszene: eine Art inkorporierte Kunstwelt. Im Gespräch wird mir klar, dass es nicht einfach ist, sich darin zu verorten. Hat doch Kunst in unserer Gesellschaft immer mit (propagiertem) Idealismus zu tun. Es herrscht die unausgesprochene Regel, dass der Job eines Kunstsammlers mit Leidenschaft und Passion funktionieren muss, um paradoxerweise auch ökonomisch Erfolg zu haben[55]. In dieser Richtung (also sich als einen solchen passionierten und eben nicht auf Erfolg fokussierten Typus zu beschreiben) lässt Reinking keine Fragen offen. Obwohl es die ganze Zeit um nichts anderes als um Marktwert geht, betont Reinking, dass es ihm darum eben nicht gehe. Die Erzählung von sich selbst hat hier eine größere Funktion: sie gehört mit zu der Rolle eines aufgeklärten öffentlichen Menschen, eines zeitgenössischen Kurators.

Ich kann in dieser Interview-Situation keine gleichwertige Gesprächspartnerin sein wie ich es bei den Düsseldorfern war. Ich werde zwar als Wissenschaftlerin ernst genommen. Aber ich habe sonst nichts, auf das ich mich hier berufen könnte. Weder bin ich totaler Fan von Streetart und würde alle Künstler der Szene kennen, noch bin ich informierte Insiderin aus der Kunstwelt. Auf der anderen Seite ist es aber kein alter, weiser Mann, der mir gegenüber sitzt, sondern ein 'young urban professional', der sich mit mir in einer Generation verortet, gerne Verbindungen knüpft, offen ist und versucht, idealistisch zu bleiben. Ich spüre die Anstrengungen eines solchen Unterfangens. Sammler zu sein, gleichzeitig erfolgreicher Händler zu sein, es nicht sein zu wollen, es aber sein zu müssen und trotzdem sympathisch - auch für sich selbst - zu bleiben... Wir sitzen in konzentriertem Gespräch in seinem Büro-Atelier; tonnenweise Energy-Drinks im Regal, Streetart-Kunst von Boxi minimalistisch an den Wänden. Hinter mir ein noch verpacktes Kunstwerk von Os Gêmeos, welches sich auf Zwischenstation (auf dem Weg in Reinkings

Lagerhalle) befindet. In der Ecke ein Schreibtisch, auf welchem ein Computer und ein Telefon stehen. Ein Telefon, welches auch klingelt, ein Computer, der läuft und Künstler-Nachbarn, die vorbei schauen, bevor sie nach Berlin fahren. Es gibt einen Transport von einem Bild von Berlin nach Hamburg zu erledigen usw...

Rik Reinking wird in den Medien als Trendscout[56] gehandelt und eben dieses Bild (re)produziert er im Interview. Die Erzählung, die er von sich strickt, ist die Geschichte eines Mannes, der mit 16 Jahren aus eigenem Verlangen heraus angefangen hat, Kunst zu sammeln, sie gegenüber zu stellen und zu kombinieren. Er meint, er sei durch eine Art „Hilflosigkeit" und Fragen an die Welt zur Kunst gekommen: „Ich hatte nie ne Idee von dem, was Raum, was Zeit, was Struktur sein kann. So absurde Phänomene, die man nicht greifen kann". Er findet, dass Künstler „an derselben Problematik arbeiten" und Ansätze liefern, dass sie zeitgenössische Themen illustrieren würden und die unbeantwortbaren Fragen der Gegenwart „am eigenen Leben vielleicht ablesbar (...) halten".

Bei vergangenen Kunststilen wie zum Beispiel dem Symbolismus oder dem Fluxus verstehe er zwar (auch durch sein Studium),

> warum das toll ist, aber es sind in letzter Konsequenz dann doch andere Probleme, die durch, mit und in dieser Kunst verhandelt wurden. Weil sie in einer anderen Zeit diskutiert wurden. Und: Ich hab dann irgendwann gemerkt, ok, in der Gegenwart, also in dem, was heute passiert, aktuell passiert, fühl ich mich mit meinen Fragen am besten aufgehoben.

Jede Zeit, jede einzigartige historische Situation, verhandelt andere Themenkomplexe. Für Rik ist es wichtig, sich in der Gegenwart zu verorten und sich mit dieser auseinander zu setzen,

> darum bin ich dann irgendwann immer mehr an die Gegenwart ran und... für mich is irgendwie Streetart und Graffiti einfach irgendwie ne Möglichkeit - ich habs über 10 Jahre lang beobachten können nebenbei, weil ich damit aufgewachsen bin, weil das unsere Generation ist.

Kurz: Streetart fasziniert ihn, weil sie seiner Meinung nach die Kunst der Gegenwart ist. Er sei sozusagen auf die ästhetischen Ausdrücke und Verhandlungen der Gegenwart gestoßen worden: sie finden ihn, er muss sie nicht suchen oder sie studieren. Alles was er dazu brauche, sei ein ästhetisch offenes Bewusstsein, eine gesteigerte Aufmerksamkeit gegenüber der ihn umgebenden Welt. „In jeder Stadt, in der ich bin, hab ich irgendwie die selben Zeichen gesehen". Dies seien die „Bilderwelten der Gegenwart", die er da zu sehen bekommen würde, und sie könnten uns in ihrem spezifischen Ausdruck Aufschluss geben über die Fragen, die uns beschäftigen. Jede Generation habe ihre eigene Bildsprache entwikkelt und somit in der Häufung auch einen eigenen Kunststil. „Es bringt ne neue Energie, es ist jung, es ist dynamisch, lebendig und es zeigt euch, dass es eine neue Generation mit einer neuen Bildwelt, mit einer neuen Bildsprache gibt“.

Er sieht sich insgesamt als Übersetzer und Vermittler dieser neuen Bildwelt. Er sei im Sehen und im Wertschätzen dieser eigenen Sprache seiner Generation der Zeit und den langjährigen Sammlern voraus gewesen, wie er erzählt:

> Das geht so weit, dass man in Venedig auf der Biennale rumläuft und alle gucken sich irgendwie die tollen Sachen im Pavillon an. Und ich lauf da lang und freu mich, weil irgendwie André um die Ecke n' Gesicht gesetzt hat. Oder irgendwie ne kleine Banksy-Ratte irgendwo läuft oder was... Wo andere noch gar nicht sind, und ja, jetzt... jetzt wechselt das gerade alles so.

Mit diesem Wechsel des Interesses beschreibt er sich zugleich als jemand, der den Trend erkannt hat, noch bevor dieser im Mainstream angekommen sei, also noch bevor dieser überhaupt Trend wurde. Vor einiger Zeit sei er noch belächelt worden und nun gäbe es Sammler, die bei Auktionen 60.000 Euro für eine Leinwand von Banksy ausgeben würden. Das sei für ihn kein mystisches, unerklärliches Ereignis. Er weiß, wie die Kunstwelt und der Markt funktionieren – als mythisch verklärtes, ernstes Spiel mit realen Hintergründen:

> Ich kann dir zwei Wege einschlagen. (...) Ich kann jetzt den: wow, das ist alles so toll und wertvoll-Weg einschlagen oder ich kann sagen: hej, komm mal runter, das ist einfach auch ein Spiel [lacht]. (...) die eine Version, die eine Haltung, die man einnehmen kann, ist die, dass man sagt, es ist halt eben authentisch, es is eben, es gibt eine große Nachfrage, und jetzt merkt der Markt auf einmal: es gibt tatsächlich eine große Nachfrage, ähm, ich glaub aber, man kann genauso ähm – diese andere Position einnehmen und sagen: na gut, vielleicht, vielleicht ist es ja auch ein stückweit ein Spiel. Also, es würde ja zu einer Haltung eines Künstlers passen. Aber, ich glaube, das bleibt... is einfach noch zu beobachten.

Seine Wertschätzung der Kunst liegt in anderen Ausgangspunkten als denen des Profits begründet: nämlich im Erkennen der Gewichtigkeit dieser Werke im Hinblick auf die zeitgenössische Kunst-Welt. Reinkings Motivation schöpft sich aus der Prämisse, aus Passion und Lust heraus Kunst zu sammeln. Und dies selbst dann, so sein Anspruch, wenn die Kunstform keine öffentliche Wertschätzung erhält. Es ist der Versuch, sich mit Idealismus in der Welt der Kunstsammler zu behaupten.

> Das ist ja die Frage, warum sammelt man. Ich glaub, es gibt Sammler, die verstehen sich als Plattform – auf der man junge

> Kunst auch diskutiert und es gibt Sammler, die, die brauchen Kunst, um sich selber zu sockeln.

Somit sieht er sich als ein Knotenpunkt, als Ort, an dem viele Fäden der (Kunst-) Welt zusammenlaufen (könnten). Selbst wenn es nicht als Ausgangspunkt seiner Anstrengung zu werten ist, so ist die Wertschätzung durch die Öffentlichkeit zumindest ein Nebeneffekt, den er anstrengt und den selbst er mit seiner idealistischen Herangehensweise nicht umgehen kann.

> So, wie ich lebe, hab ich leider irgendwie [lacht] genau die selben Sorgen wie alle anderen auch - verdammt, wie zahl ich meine nächste Miete, wie zahl ich den nächsten Strom, Krankenkasse - hallo? Ich mein, das sind alles Probleme, die hab ich jeden Tag vor Augen. Und ich bin extrem froh darüber, weil ich will das gar nicht anders.

Gleichzeitig grenzt er sich mit seiner Haltung vehement von einer marktorientierten Kunstwelt ab: von jenen „schmutzig[en]" Geschichten, welche sich mehr um den Markt als um die Kunst drehen und jenen Menschen, die Kunst lediglich als Profitquelle oder als Steuerersparnis betrachten.

> Ich find, das ist ein Unterschied, entweder: für mich ist ne Sammlung jemand, der sagt: ok, ich versteh mich mit den, mit meiner Sammlung als Sackgasse für diese Arbeiten, die sind da alle noch zu Hause und haben irgendwie ne Nachbarschaft und nen Kontext. Und, mh, ich beobachte immer mehr Leute, die da hingehen und dann einfach sagen: ok, ich hab viel Geld, ich kauf ma einfach ein, legs mir hin.

In dieser Branche, in der nach seiner Aussage „alle" wie Händler arbeiten würden, ist es natürlich nicht einfach, sich und durch sich eine Plattform für zeitgenössische Bilderwelten zu etablieren und zu behaupten. Sich abzugrenzen gehört damit für Reinking zum Tagesgeschäft:

> Vielleicht bin ich da echt glücklicherweise noch nicht an dem Punkt. (...) neulich (...) hätt ich ne Arbeit kriegen können, die für einen Kunstmarkt sehr prominent war, die hab ich ausgeschlagen. (...) irgendwie find ich das schmutzig. Ich fand die Arbeit nicht gut. Also nicht überzeugend. Und man hätte sie kaufen können und verkaufen können und dann Riesen-Gewinn gemacht. Aber, mh, ich will mir auch den Luxus erlauben können, das nicht zu müssen.
>
> Claudia: Ja, Idealismus ist auch Luxus, irgendwie.
>
> Rik: [lacht] Is es auch. Is es absolut. Also: es is halt ne andere Form von Luxus. Es ist halt nicht irgendwie spiegelglatt und hochpoliert, sondern is einfach mehr im Kopf. (...) wenn hier

> überhaupt irgendwas gehandelt wird, dann sind das Ideen, oder sind das Informationen. Is das Wissen, is das irgendwie Austausch, is das irgendwie etwas, wo..., es is ne Bürosituation, wo wir einzelne Projekte umsetzen, realisieren.

Ihm sei die Produzenten-Seite wichtiger als die Festigung (s)einer gesetzten Sammler-Identität inmitten anderer Sammler-Identitäten. Sein Ansatz wird hier nochmal deutlich: nicht das Anhäufen von Werken steht im Vordergrund, sondern das Verhandeln von Ideen. Er legt zudem Wert auf Respekt und auf eine Offenheit von Seiten des Publikums, der Rezipienten. Dies sei ein Wert, den er als Kunstvermittler selbstverständlich inne habe, und die er für die erfolgreiche Realisation seiner Projekte benötige.

> Und genau das erwarte ich halt eben auch. Und, das hatt ich in dem Fall auch gesagt irgendwie, ich erwarte von euch nicht, das ihr das toll findet, aber respektiert es, dass es das gibt. Und das es auch was anderes ist, als das, was ihr teilweise an eurer eigenen Hauswand habt.

Damit zieht er, anders als die Veranstalter der beyond streetart-Ausstellung eine klare Grenze zwischen dem ästhetisch anspruchsvollen Werken und Künstlern, die ausgestellt werden können, und dem weniger anspruchsvollen Bildern auf der Straße. Er eröffnet damit eine Unterscheidung zwischen Graffiti und Streetart als Kunst und Graffiti und Streetart als kultureller Erscheinung. Zur Erklärung davon zieht er die widrigen Bedingungen der Entstehung von Graffiti heran:

> Man darf nicht vergessen, wir sehen ja auch nicht jeden Idioten, der irgendwie mal nen Stift in die Hand nimmt und versucht zu zeichnen und es einfach nicht kann und es auch nur einmal probiert, das wandert in den Papierkorb. Bloß: Wenn da draußen einer ist, der das einmal probiert und danach nie wieder, dann bleibt das einfach da. Und dann müssen wir uns damit auseinander setzen, ob wir wollen oder nicht.

Dieser Aspekt von Street-Graffiti ist kulturelle Erscheinung - mal mehr, mal weniger ästhetisch oder durchdacht , während er sich wiederum mit der künstlerischen Seite des Phänomens beschäftigt und interessante Werke und Künstler „herausfiltert“:

> Also, ich glaub, das Interessante is halt einfach, dann die Position herauszufiltern, die mh, eben besser sind als die anderen, also wie in jeder Auseinandersetzung mit Kunst, oder bildender Kunst, mit Abbildern, ist das hier genau dasselbe, man muss halt hin gucken, es gibt Eingriffe im urbanen Raum, die sind extrem intelligent, und es gibt Eingriffe, die sind extrem doof.

Darum fällt es Reinking auch nicht schwer zu sagen - oder vielmehr ist es für ihn als ernstzunehmender Vertreter der Kunstwelt sogar erforderlich zu betonen (die Vehemenz und abermalige Wiederholung seiner Haltung lässt darauf schließen), dass er Graffiti an seiner Hauswand entfernen und „wahrscheinlich auch anzeigen" würde, „wenn das ungefragter Scheiß" sei. Entschieden habe er auch die vielen Anfragen von Wuppertalern und anderen Sprayern während seiner Ausstellungsvorbereitung abgelehnt.

> „Deswegen kam ja die Frage, wie können wir den und den noch mit reinnehmen, wo ich dachte, mhm - wir sprechen, glaub ich, von einer anderen Ausstellung (lacht) weil, es ist halt schwierig, natürlich, wenn du sagst, die 10, oder die 11 oder 12 sind dabei , dann stehen da 200, die sagen: und warum wir nicht? Entscheidend sollte aber sein, das nicht irgendwie das Kriterium ist: benutzt Sprühdose. Sondern, das Kriterium sein sollte: hat sich über Jahre irgendwie positioniert in dem Betrieb."

Für Rik ist es in der Konsequenz seiner Gedanken wichtig, an Graffiti und Streetart die künstlerische und ästhetische Seite zu betonen. Er erkennt an Streetart jedoch eine im Vergleich zum sonstigen Kunstmarkt marktfreiere, weniger durch Industrie und Autoritäten durchsetzte, Ausdrucksweise von Künstlern, die er als ein Qualitätszeichen beurteilt:

> Ich find es extrem gut, dass irgendwie 15 Jahre lang diese Künstler irgendwie Zeit hatten, sich selber zu formulieren, also ihre eigene Bildsprache zu finden, OHNE daß nen Markt gesagt hat, du musst das so und so machen! Was ja häufig ist, normalerweise bei Bildender Kunst, die werden von der Akademie abgefangen, werden mitgenommen und dann heißt es: mal mal so, mal mal so, mach mal das! Und dann wird ziemlich schnell schon beeinflusst in ne Richtung, so dass es dann auch marktgängig ist. Und der Künstler selber verliert natürlich dabei immer mehr an Biss. Und, ich glaub, der große Vorteil is, dass diese Künstler NIE von einem Markt abgefangen wurden und dadurch völlig frei ihre eigene Bildwelt malen und entwerfen konnten.

Paradox ist, dass Reinking durch sein Engagement und durch den (Selektions-) Prozess der Auswahl, würde man seinem Argument folgen, an der Marktgängigkeit und dem Verlust der behaupteten Authentizität von Streetart mitbastelt.

Authentizität liegt immer im Auge des Betrachters, schreibt der Kulturanthropologe Rolf Lindner. Es gehe nicht um die Frage, ob etwas auch wirklich natürlich ist, sondern es geht „um die Frage, warum dem Betrachter gerade 'Natürliches' als 'echt', als 'authentisch' erscheint, warum ihm Natürliches etwas bedeutet, warum es ihm wichtig ist" (Lindner 1998, 60, zit. nach Andris 2000, 75). Authentizität bedeutet bei Reinking die tatsächliche Verwurzelung und Vernetzung in der Gesellschaft, also dass beim Googlen im Internet beispielsweise bei Gerhard Richter man „vielleicht auf 30, 40tausend Google-Hits, keine Ahnung - lass es 80tausend sein" komme, während „geb ich Banksy ein, komm ich irgendwie auf 3,4 Millionen. Das sei ne ganz andere Ansage! Das ist ganz anders vernetzt!" Diese Verankerung in der Gesellschaft, das kulturelle Moment der Kunst, zeige sich auch an folgender Geschichte einer Bekannten:

> Also: arbeitete im Auktionshaus, hat immer Arbeiten auch selber gekauft und gesammelt, nach Hause gebracht und da konnte nie jemand was mit (...) anfangen, und jetzt kam dann irgendwie son Banksy nach Hause und das Kindermädchen hat irgendwie gesagt: 'Wow, nen Banksy, das gibt es ja gar nicht und so...' Und sie war völlig irritiert: [lacht] 'Wieso kennst du das jetzt und so...' Da kam erstmal irgendwie so, das erste Mal wurde klar: Ja klar, das ist in einer Gesellschaft glaubwürdig verankert. Das ist nicht irgendwie BEHAUPTET. In der zeitgenössischen Kunst is ja immer erstmal alles ne Behauptung. Das es so teuer ist und wie wert ist undundund. Und hier haben wir einfach etwas absolut authentisch Gewachsenes. Wenn so was dann auf die Auktion kommt, wie jetzt und auf einmal irgendwie ne Öffentlichkeit zieht, ich mein, dann muss ich dann auch wieder schmunzeln.

Authentizität, glaubhafte Verankerung, authentisch Gewachsenes: diese Aspekte werden für Reinking zum sicheren Ausgangspunkt seines Handelns und könnten in seinem Leben auch zu ökonomischer Sicherheit führen. Solange die Produzentenseite mitspielt, die nunmal bekannterweise auch ihre Brötchen verdienen muss. Unter diesem Gesichtspunkt ist auch die heftige Abwehr zu verstehen, die Reinking formuliert, als ich ihn darauf anspreche, ob es denn nicht Verrat an der Graffiti-Bewegung sei, wenn Straßen-Kunst musealisiert würde:

> Ja, also, ich denke - also ganz ehrlich - ich denke, das hat überhaupt gar nichts mit Verrat zu tun. Und die Leute, die das sagen, bei denen hat es meistens mit Neid zu tun. Und alle, alle, die ich kenne, die sagen: Streetart und Graffiti gehört nicht auf die Leinwand, gehört nach draußen, sonst ist das Verrat und ist das nichts... Das sind alles Leute, das garantier ich dir: Wenn ich hingehe, mit ihnen nett rede und sag 'Komm her, und ich hätte gern ne Leinwand von dir, ich geb dir dafür was.' Das Ding ist morgen fertig. Und das ist leider wahr. (...) Ja, und warum? Das hat ja auch verschiedene Gründe. Zum einen, weil man natürlich eitel ist und sich freut, wenn jemand mit seinem Bild leben möchte. Also was ganz Emotionales, was gar nichts mit Geld zu tun hat. Zum anderen, weil da jemand ist, der Essen und Trinken bezahlen muss, wie wir alle und auch froh ist, wenn er das kann. Und

> ähm, drittens, er einfach ne Marke setzt. 'n Zeichen setzt, und ob er das draußen auf der Wand setzt oder ob er das auf ein Stück Leinwand setzt, ist in letzter Konsequenz ja egal. Und das sind alles drei Faktoren, die völlig legitim sind, weil das sind alles Punkte, die wir, die jeder berücksichtigen muss. Ich mein, keiner kann es sich leisten, 100 Prozent von seiner Energie in etwas zu stecken, ohne da auch Geld raus zu ziehen. Das muss man, wenn man verantwortungsbewusst da weitermachen möchte.

Mit der Frage nach dem Verrat diskutiert Reinking meiner Meinung nach auch seine Position als Händler und Sammler. Er erklärt verständnisvoll, dass es „leider" so sei, dass Leute wegen Geld ihre Ideale verraten würden. Denn: er geht von sich aus und überträgt seine Handlungsweisen auf andere. Er setzt jedoch zur Verteidigung hinzu (und kreiert damit einen Maßstab des Legitimen), dass die Künstler (und Kunstsammler...) das Geld ja zum Überleben benötigen würden. Denn: wer viel Energie in eine Sache stecke, der solle davon auch (gut) leben können.

Des weiteren berichtet er aber auch von seinen Erfahrungen mit der Geringschätzung der Streetart-Werke während der Wuppertal-Ausstellung:

> Ich hab dann da Leute gehabt, die liefen dann da durch und ham irgendwie gesagt so: hä? Ja, voll so: Na, was soll das? Is ja nur Schmierkram oder so... die Leute kamen ja tatsächlich auch. (...) Was ich witzig find, ist immer die Haltung von den Leuten: das gehört nicht ins Museum, das gehört nach draußen. Das sind in fast allen Fällen die selben Leute, die im nächsten Satz sagen: 'Ja, Schmiererei! Draußen gehörts nicht hin.' In allen Fällen!

Die Grundhaltung „Es gehört nicht ins Museum!" begreift Reinking gleichzeitig als mit der konservativen Einstellung verkoppelt, dass Streetart ja auch nicht auf die Straße gehört. Damit entkräftet er jegliche kritische Haltung gegenüber dem Eintauchen der Streetart und des Graffiti in die Kunstwelt. Kritische Aspekte sieht er wohl auch tatsächlich nicht. Paradox ist: Da er die Unbelastetheit der Streetart schätzt, möchte er sie gerade darum zur Kunst machen.

Reinkings Auswahlkriterien haben Übereinstimmungen zu den Düsseldorfern, liegen aber an manchen Punkten weit auseinander. Es geht ihm ebenfalls um die Relevanz der Werke: aber die Relevanz soll sich ganz klar von der Subwelt, dem szeneeigenen Vokabular, absetzen:

> Dass es auch was anderes ist, als das, was ihr teilweise an eurer eigenen Hauswand habt. (...) Und natürlich ist die Auswahl der Künstler so gesetzt, das man guckt, man hat nen internationales Moment drin, man sucht irgendwie für das jeweilige Land irgendwie auch eine herausragende Figur. Und, ähm, klar, sind das Leute, die da so hin gearbeitet haben und sich auch immer mehr

> von dieser Subwelt emanzipiert haben, also von diesem szeneeigenen Vokabular. Also, sich nen bisschen davon freigemacht haben. Und, deswegen sagt ich ja auch, das ist im besten Falle etwas beyond Graffiti und ähm, das ist, denk ich, ganz wichtig, das man das auch klarmacht, dass des irgendwie da seine Wurzeln hat, aber natürlich viel weiter ist. Und trotzdem kann es im öffentlichen Raum stattfinden. (...) Es gab immer die Situation, man weiß, es gibt die einen oder die anderen länger, oder die machens länger, aber, ja, darum geht's ja nicht, es geht, es war, glaub ich, wichtig ist zu zeigen, wer ist, wer gehört dazu, also, und wer hat sich da über Jahre durchgesetzt. Das war wichtig zu zeigen, wer hat sich da international über Jahre in der Szene nen Namen gemacht und hat darüber hinaus einfach irgendwie auch ne Öffentlichkeit.

Reinking ist es wichtig, diejenigen Street-Artists einzuladen, die sich bereits durchgesetzt haben und die eine Öffentlichkeit haben - also schon relativ bekannt sind. Außerdem sind diejenigen für ihn relevant, die innovativ sind, und nicht die, die lange dabei sind - was aber zusammenhängen kann. Er erklärt, dass es auch für das Image des Direktors des Wuppertaler Museums[57] nicht schlecht sei, wenn er eine Kunstform diskutiere, die noch in den Kinderschuhen stecke, „für ihn [den Direktor, Anm. CW], also für einen Kunstmarkt. Ja, das seh ich natürlich anders". Reinking beschreibt die Position des engagierten, mit der Zeit gehenden, Museumsdirektor und liefert die Verbindungen zwischen Ausstellungskultur und Markt gleich mit - von der er sich wiederum abgrenzt. Kunstform diskutieren ist 'gut für den Direktor', damit 'gut für den Kunstmarkt', deshalb 'uninteressant für Reinking':

> Weil ich hab da, glaub ich, ne andere Position. Also: Mir sind diese ganzen Preise völlig egal. (...) Es sind immer Investoren unterwegs, es sind immer weniger Kunstsammler, oder oder oder Leute, die ne Leidenschaft haben.

Reinking beschreibt sich insgesamt als einen passionierten Sammler. Dazu gehört auch die Idee: Ich muss Kunst sammeln (so wie der Ideal-Künstler Werke anfertigen MUSS). Seine Sammelleidenschaft beschreibt er als eine Sucht:

> Wie Essen und Trinken (...) Also, es ist - hundert Prozent meines Lebens hat mit Kunst zu tun. Es gibt da nichts anderes. Das ist doch total krank! [lacht] (...) Also: ich merk immer wieder, es gibt so Momente, da hab ich vielleicht irgendwie gerade mal nen bißchen was verdient und denke so, hej, jetzt könnste dich einfach mal beruhigen und es dauert irgendwie zwei Minuten, dann ist das ausgegeben. Weil es irgendeine Arbeit gibt, die mich begeistert, wo ich denke, ja [schnipst mit den Fingern], jetzt kann ich hin und dann bin ich wieder beim Nullpunkt und dann hab ich

> wieder die alte, das alte Problem. Also: krankhaft ist das auf jeden Fall. (...) das is was ganz Wertvolles, also, du kannst dich mit Gedankengut beschäftigen, mit mit einzelnen Bildwelten verschiedener Künstler. (...) Und, ähm, es hat immer einen relativen Wert. Und du kannst es dir einfach als Bild angucken und kannst es auch, und andere kommen halt und gucken es mit Dollarzeichen an und stehen da sagen 'Verkauf es, verkauf es, verkauf es.' (...) Wo ich mir dann denke, nee, ich will es nicht. Also, ich bin da auch echt klar und ähm - klar, es wär leichter, wenn man sagen würde, ok, weg damit und dann könnte man irgendwie vielleicht entspannter leben, aber - ich glaub, nicht glücklicher. Echt nicht ...

Reinking sieht seine Tätigkeit als eine Form des Luxus und kann sich, nach seinen Aussagen, darum auch vorstellen, in anderen Richtungen Abstriche zu machen - wie zum Beispiel in Fragen der finanziellen Sicherheit.

Interessant finde ich die Analogie, die sich zwischen dem Bild eines authentischen Sammlers und eines authentischen Szene-Sprayer ergeben. Die sich als Subkultur definierende authentische Avantgarde benutzt dieselbe Grammatik, dieselben Zuordnungssysteme und Raster, auch dann, wenn die Subjekte sich in ganz unterschiedlichen Bereichen konstituieren. So scheint es ein (unbewusstes?) Raster zu geben, nach dem in unserer Gesellschaft subkulturell-ernsthafte Bestrebungen am ehesten umzusetzen und zu bekräftigen sind. Doch: An dem Punkt der Trennung von kultureller und künstlerischer Streetart kommen die Unterschiede zum Vorschein. Die einen bestehen auf die Unterschiede zwischen Straße und Kunst (Reinking) und andere versuchen, die Grenzen dazwischen zu verwischen (beyond streetart).

Nicht zu vergessen ist, bei Überlegungen zur Person Rik Reinking, das oben für alle Kunstsammler beschriebene Dilemma, zwischen Leidenschaft und Markt zu stehen und diese beiden Tendenzen vereinbaren zu müssen. Klar ist, wieso Reinking sich in dieser vehementen Form gegen den Verrat-Gedanken wehrt. Er erkennt jene Künstler an, die - wie er - zwar auf der einen Seite passioniert bei der Sache sind, aber auf der anderen Seite bereit sind, ihre Leidenschaft gewinnbringend zu vermarkten. Ich glaube, dass Reinking dem Gedanken entgegenwirken möchte, dass die Vermarktung von Streetart mit Abstrichen (auch an der von ihm behaupteten Authentizität), also der von vielen Theoretikern vertretenen Argumentationsfigur der Entmächtigung, von statten gehen könnte.

Und diese Frage gilt es ja auch, zu diskutieren. Denn: Streetart bedient sich programmatisch an der kommerziellen Kunst und Kultur. „Wer sich von der Vermarktung zu Abstrichen zwingen lässt hat eben nicht die Möglichkeiten entdeckt. Und erweist sich als weniger interessanter

Künstler", wie Robert es in einer Email an mich formulierte. An der Marktgängigkeit von Streetart mitzubasteln sei nicht schlimm, solange es weitergehe: „Solange nicht die Überwechsler profitieren, sondern die Zweigleisigfahrer, Aufweicher, Zersetzer und Provokateure..." (Robert, Januar 2008). Streetart im Museum, in der Kunstwelt, ginge subkulturell in Ordnung, wenn es richtig gemacht würde. „Abzukassieren, und wieder zu investieren"; natürlich in zersetzende Aktionen. Darum fehlt Robert beim Ansatz von Reinking neben den „von der Szene emanzipierten (...) die andere Hälfte, die (...) im StGB §303 oder im Naegeli-Urteil" zu finden seien.

Banksy allerdings ist ein Phänomen. Er hat es geschafft, der bekannteste, meist diskutierte und doch ein von allen Seiten anerkannter und hoch geschätzter Streetartist zu bleiben/werden. Die Zeitungen sind voll mit Auseinandersetzungen zu seiner Kunst und seiner Anonymität. Jede Person, mit der ich mich im Feld unterhalten habe (und nicht nur die, denn Banksy ist durch große Medienresonanz weit darüber hinaus bekannt), kann entlang des Beispiels Banksy den eigenen künstlerischen Ansatz und die eigene Position im Feld diskutieren. Banksy ist auch derjenige Streetartist, der es versteht, wie Robert es formuliert, die „Marktsituation zum Spielfeld von zersetzerischen Spielchen zu machen, die alle möglichen Widersprüche reflektieren und verarschen". Banksy ist beispielhaft gelebte Streetart-Kultur, weil er allgemein (individuell und medial) glaubhaft 'Still on and non the wiser' ist. Hierzu trägt seine Anonymität sicherlich einen großen Teil bei.

III Underground

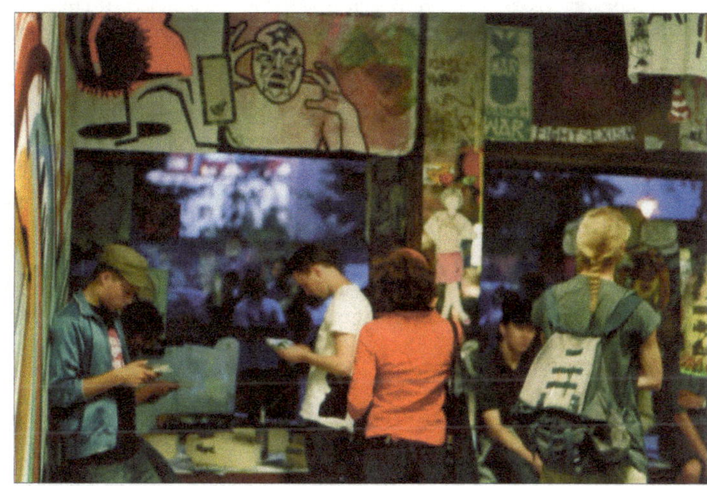

Reclaim The City & Überdose. Ausstellung, Berlin 2007

Als ich über Internet meinen Fragebogen '20 Fragen zu Streetart und Sell Out'[58] an mir bekannte als auch unbekannte Streetartisten und Graffiti-Künstler verschickte, war der Streetartist NoLogo aus Dresden einer der wenigen, der sich die Zeit nahm, darauf ausführlich zu antworten. Es entspann sich ein längerer inspirierender Austausch, durch den ich mehr und mehr Hintergründe seiner Streetart-Tätigkeiten und seiner Weltanschauung erfuhr.

> Mit Graffiti hab ich angefangen, weil mein Bruder das vorgemacht hat... ganz einfach. Zuerst kam der Bruch mit der Graffitisszene - zumindest denen, die nix mit andersartigen Sachen anfangen konnten (abstrakte Styles, strange Formen, Figuren). Mal simple, mal abstract, Schablonen, Rolle, nicht weils trendy war - ne, weils um 2000 die billigste Methode war, großflächig zu arbeiten. So ab 2003 musste ich mich ein wenig zurücknehmen - da ich ein wenig Stress mit der Staatsmacht hatte. Heute mach ich wieder alles was mir so in den Kram passt - egal wie krass oder wie relaxed - ganz der Laune entsprechend.

In dem assoziativen Email-Interview erzählt mir der Streetartist NoLogo aus Dresden von seinem Einstieg und der Motivation, Streetart-Aktivist zu werden. Auch er vergleicht Graffiti und Streetart:

> Sehe ich den 'Jetzt-Streetart' Begriff, ist Streetart genauso eine Szene wie die Graffiti/Writing-Szene. Genauso lahm, genauso sich an großen Namen orientierend. Es wird natürlich immer ein paar Leute geben, die da rausstechen - aber das sind immer Ausnahmen. Streetart ist nun nicht mehr Streetart - wenn ich den Stuff von irgendwelchen 08/15 - Schablonen-Schnipplern sehe und die Sachen von ct-ink oder boxi - da weiß ich doch wo der Unterschied ist - genauso ist das wohl in vielen anderen Medien. Würde man es genau nehmen, ist die Definition von Kunst das erste riesige Problem - jeder definiert das anders - manch einer schließt alle illegalen Handlungen, egal ob kreativ oder nicht, schon von vornherein aus. Für mich ist der Kunstbegriff sehr von meiner Laune abhängig. Mal mag ich alles als Kunst sehen, mal bin ich der greise knausrige Opa der alles total verbissen sieht.

In den einzelnen Werken sieht NoLogo Qualitätsunterschiede und er grenzt sich von 08/15-Künstlern ab. Seine Definition ist zum einen also abhängig von seiner „Laune", zum anderen sieht er in den Werken folgende Unterschiede:

> Dass derzeit viele Leute jeden Aufkleber auf der Straße als Streetart definieren, ist mir dann aber doch zu unkritisch. Man sollte da lieber von einer Stickerkultur reden, als von einer Kunstszene. Schließlich sind doch recht viele Arbeiten eher politisch oder manch andere pure Eigenwerbung. Nichts gegen Politik und nichts gegen Eigenwerbung - jedoch ist das keine Kunst in meinen Augen. Kunst kommt in meiner Definition von Kunden, also anderen Menschen etwas nahe bringen - jedoch eher im philosophischen Sinne. Mir ist es zu wenig wenn da einer 'hallo mein Name ist Allerweltsname' schreibt oder 'xyz' mit seiner 'xyz-figur' einen neuen Sticker raus bringt. Ebenso verhält es sich mit den poltischen Klebereien - ist jede Polit-Message gleich ne Kunstaktion? Ich hab Respekt vor den Wortverdrehern, aber dafür gibt es eben den Begriff Politik und nicht Kunst.

Ein politischer Wandspruch ist also nicht gleich Kunst, meint NoLogo. Nicht jeder, der einen Aufkleber herstellt, vervielfältigen lässt und verklebt, ist seiner Meinung nach gleich ein Streetartist. Ein Künstler ist eher derjenige, der den Blick der Anderen einbezieht, und sich damit auseinander setzt, was und wie er anderen (den 'Kunden', also der Rezipienten-Seite) etwas nahe bringen kann.

> Für mich persönlich ist das, was ich mache, Kunst. Ich nutze alle Medien die mir zur Verfügung stehen. Das einiges davon in die, in den letzten Jahren entstandene, 'Streetart' Definition fällt, ist mir egal. Wichtig ist mir, dass ich meine Ideen umsetzte, die mir einfallen. Dass mir da als Leinwand der öffentliche Raum, oder

besser jegliche großformatigen Oberflächen am meisten zuspricht, liegt wohl in meiner Entstehungsgeschichte.

Weniger die Selbstbezeichnung als Streetartist spielt für NoLogo eine Rolle, sondern vielmehr seine konkreten Ideen und deren praktische Umsetzung.

Zur Sell Out-Problematik hat NoLogo folgendes zu sagen:

> Streetart ist in meinen Augen noch auf einem humanen Level. Banksy hat es verdient 6-stellige Beträge von Banken zu kassieren, er wird ja deshalb nicht stummer - eher lauter. Dass es natürlich ne Menge Trittbrettfahrer gibt - na, die kann man ja nicht alle mundtot machen. Es kann natürlich frustrierend sein, wenn Mr. Superfame wiedermal ne fette Ausstellung in Famecity hat - aber nix mehr auf der Straße tut. Streetart lebt vom Mitmachen, nicht vom Ausschlachten. Jeder Aktivist sollte sich da aber am besten an seine eigene Nase greifen, bevor er andere runddisst: wenn mir der Reinking einen Vertrag anbietet - sag ich doch nicht nein und wenn mir der Flick nen 6-stelligen Betrag für nen hässlichen Schinken gibt - sag ich nicht nein - schließlich ist der dann den Betrag los und ich kann was besseres damit machen - durch die Welt reisen, ein wenig Weltfrieden stiften dank Völkerverständigung, oder die Unke von nebenan retten. Gefragt ist doch die eigene Kreativität. Wenn 'André' seinen 'shadok' verhöckert und dann ein paar Clubs aufmacht - ist doch ok - krieg ich ne Menge Kohle für einen meiner Character - man was würde ich als erstes tun - ein Abrissgebiet kaufen und es unter Naturschutz stellen - nur eines ist überall erlaubt: malen bis zum umfallen. Ne neue Figur fällt mir doch in den nächsten Sekunden ein (...) schon blöd wenn die Marketing-Haie so unkreativ sind - die sind wohl im falschen Beruf gelandet. Jedoch denk ich nicht, dass ich was für die Republikaner oder die NPD hergeben würde - da spricht meine eigene Weltanschauung vollends dagegen.

NoLogo diskutiert hier die Kosten-Nutzen-Frage. Künstler zu sein macht sich an anderen Ausgangs- und Standpunkten aus: nicht am Punkt des Kommerzes! Denn auch er würde seine Kunst verkaufen, wenn er dann mit dem Geld etwas Sinnvolles anstellen könnte. Etwas, was letztlich dem Streben nach Freiraum, Kreativität und Subkultur weiterhelfen würde, für das Streetart mehr ein Symbol und eine der möglichen Formen des Ausdrucks ist.

> Galerien sind zum Verkauf da und wer verkaufen will muss Leinwände produzieren, denn alles andere geht scheiße weg - und das ist ja ein Riesen-Dilemma. Ich hab seit 2003 Ausstellungen gemacht, mal besser mal schlechter. Gewisse Sachen sollte man besser auf der Straße tun - andere kann man in der Galerie gut präsentieren. Ich ziehe zum Großteil jedoch die Außenflächen

der Welt vor, denn Galerien schränken schon allein rein räumlich ein.

Freisinnig erklärt NoLogo seine Position zu Streetart-Ausstellungen. So erzählt er von weiteren positiven Nebeneffekten von Veranstaltungen, die als Treffpunkt dienen:

> Zur Eröffnung kann ja jeder kommen, jeder kann sich den Stuff reinziehen. Sicher, (Ausstellungen, Anm. CW) sind doch die neusten Corner für Tratsch und Klatsch - ebenso sieht man was man alles falsch machen kann und was richtig - letzteres aber eher seltener. So halten Ausstellungen durchaus die Szene am Leben - denn auf der Straße trifft man sich eher immer weniger - zu groß ist die Gefahr mit der Staatsmacht in Kontakt zu kommen.

NoLogo möchte als Mitgestalter der Szene einen weiten Horizont aufweisen. Er ist nicht der dogmatische Außenseiter, sondern ein Insider, der reflektiert über einzelne gute und schlechte Aktionen redet. Statt zu reglementieren, möchte er konstruktive Kritik üben:

> Ich gebe nur konstruktive Kritik von mir - was könnte besser organisiert werden, wer ist ein wirklich interessanter Künstler, wo sind Schwachstellen. Aber ich lehne Ausstellungen nicht ab. Man muss sich natürlich auch selber kümmern, ich habe unzählige Veranstaltungen organisiert, ob Vortragsreihe, Videoabend oder Ausstellung, selber hab ich dann auch an anderen Sachen noch teilgenommen. Deshalb hab ich jedoch nie meine Arbeit auf der Straße aufgeben - ich seh das nicht als Pflicht - ich brauch es!!! Wenn andere damit aufhören - ist doch gut, wenn sie nicht mit 100% voller Liebe dabei sind ist's besser wenn sie ihren Stuff an irgendwelche Loser verkloppen - irgendwann sind sie vergessen und keiner wird mehr ihren Pseudo-Streetart Quatsch kaufen. Ich kann gar nicht damit aufhören!!!

NoLogo spricht über das Merkmal der Unverzichtbarkeit, der Ernsthaftigkeit, der Passion und der Authentizität. Er jedoch betont im Gegensatz zu Reinking die Notwendigkeit der „Arbeit auf der Straße". Nicht weil das ein dogmatischer Grundsatz ist, sondern weil es das einzige Merkmal eines Streetartisten sein kann. Denn wer nicht aufgrund seiner eigenen Passion dabei bleibe, würde sowieso vergessen. Banksy ist darum ein erfolgreicher Streetartist, weil er dabei bleibt, weil er lauter statt leiser wird. Weil er seiner Leidenschaft unabhängig von Rückwirkungen treu bleibt und weitermacht.

> Die Zielgruppe scheint ja größer zu sein als man denkt - Fluggesellschaften, Modemarken oder die Filmindustrie bedienten sich schon dem Medium - so schließt sich aber auch ein Kreis, das Werbeplakat wurde zum Kunstobjekt wurde zum Werbeplakat.

Mit relativer Lockerheit kommentiert NoLogo die Industrie, die sich der Streetart bedient und erzählt des weiteren von der Allgegenwart der Werbung:

> Ich find es insgesamt schlimm wie stark Werbung den öffentlichen Raum erschließt. Jedoch ist man nach einer gewissen Zeit immunisiert - frei nach dem Motto 'man sieht den Wald vor lauter Bäumen nicht'. Ich ignoriere immer mehr diese Großwerbeflächen. Eher fallen mir kleine Details auf. Eine moderne Großstadt ohne Graffiti ist tot - keine jungen Leute die Revoluzzer sind, nur lahme, von der Fashion-Industrie versaute MTV-Gören.

Streetart wird zur Strategie der Wahrnehmung kleiner Details und Ausblendung der Aufmerksamkeit erheischenden Großwerbeflächen. Eine Strategie, die kaum ökonomisches Kapital, dafür aber viel kreatives Potenzial braucht:

> Streetart ist in meinen Augen eine der tollsten Geschichten überhaupt - du brauchst nichts, um was Kreatives zu machen und es zu präsentieren - denn: du gehst zur Post, holst dir ein paar Aufkleber, schaust in den Müll, findest ein paar alte Farben mit Pinsel - legst los und haust es raus - so einfach ist es - und wer kreativ wird - schaut in den Baumüll - findet Styroporreste, guckt nach ein bissl Bauschaum oder Zement, formt ein paar Buchstaben draus und klebt die an die Bude um die Ecke. Keine Ahnung, jeder wie er Lust hat - untergehen wird sie sicherlich nicht. Schon Graffiti wurde in den 90ern in New York totgesagt. Da hat Revs angefangen zu schweißen oder zu rollern.

NoLogo beschreibt die Prinzipien der diy-Kultur, do-it-yourself, als entgegengesetzte Haltung zur Persönlichkeit des Konsumenten, Verbraucher oder Zuschauer! NoLogo ist die Einfachheit, die Unbedarftheit, Genügsamkeit, Aufrichtigkeit und Freiheit, die Wandelbarkeit, die Inspiration, wohl auch die Internationalität von Streetart wichtig.

> Ich würde mich zu keiner Stadt zugehörig fühlen. ich verbreite mal meinem Namen, mal eine Message, mal will ich eine Idee umsetzten. Die Orte, die ich wähle, müssen mich inspirieren, auf welche Art auch immer. Ich male mal im schicki Viertel, mal im abgefuckten Areal, jeder Stadt in jedem Land, wo ich hinkomme. Heute mach ich wieder alles was mir so in den Kram passt, egal wie krass oder wie relaxed, ganz der Laune entsprechend. Meine Arbeitsweisen: ich finde was, was mich inspiriert und mach was draus - ich bin also das Allerweltsmittel das Scheiße zu Kunst macht. Oder ich hab ne Idee (ganz konzeptionell) und setzte die um , frei nach dem Motto 'wo ein Wille ist - ist ein Weg!'. Medien sind mir alle recht. Hauptsache, es ätzt mir nicht die Hände ab oder zerstört die Umwelt auf irreversible Weise. Ich möchte mich

> in keine Schiene stecken lassen - also mach ich alles was ich will und wie ich's will.

NoLogo berichtet im Email-Interview von seiner, wie ich finde, stark autonom organisierten Welt. Dieser Gedanke entsteht aufgrund des undogmatischen und doch kraftvollen und sichtbaren Engagements für eine, wie er meint, widerständige Sache.

Hinter Streetart verbirgt sich eine Einstellung zur Welt, die sich exemplarisch an NoLogo nachvollziehen lässt (und die sich mit meinen Erfahrungen und Eindrücken decken, die ich in den Gesprächen mit Dave The Chimp, Cemnoz und Robert usw. erhalten habe). Darin geht es um Offenheit, Kommunikation, Kreativität, Liebe, Selbstorganisation, Ernsthaftigkeit, Spaß, Umsetzung eigener Ideen, Ausprobieren, konstruktive Kritik usw. Abgegrenzt wird sich von Dogmatismus, Fashion-Industrie, Werbung, Eingeschränktheit (ein geistiges Scheuklappen-Denken und räumlich einen lokal oder national eingeschränkten Fokus), Pseudo (gegen Trittbrettfahrer), etc. Die Gedanken NoLogos sind für eine weitere Analyse entscheidend. Denn er zeugt von einer Vertrautheit mit der Kommerzialisierung und der Ungefährlichmachung durch die Industrie, welche subkulturelle Akteure heutzutage scheinbar haben. Dialektisch zeugt diese Haltung von einem gelassenen Verhältnis zum Kommerz. So wie Fundraising und Sponsoring zu einem Teil des tatsächlichen subkulturellen Kapitals geworden ist, so lässt sich postmodern sogar der Verkauf der eigenen subkulturellen Erzeugnisse in einer positiven Art und Weise denken. Die Betonung liegt dann nicht mehr auf dem gesellschaftlichen Ausverkauf, dem Sell Out, sondern auf der konkreten Auseinandersetzung mit einzelnen Entscheidungen, die getroffen werden müssen. Wenn mit dem Geld etwas Sinnvolles angestellt werden kann, warum dann nicht die Möglichkeiten, die sich auftun, (aus-) nutzen – das fragen sich die Mitglieder der postmodernen Subkulturen gegenwärtig. War das je anders? Ich werde diese Frage und andere Fragestellungen in Bezug auf eine die 'Mainstream-Gesellschaft provozierende Subkultur' in den nächsten Kapiteln diskutieren.

8 Diskussion der Themenfelder

Tatsächlich sind Kämpfe auf dem Feld der Kultur wichtiger denn je, und es lohnt sich definitiv, auch weiter ästhetisch um Repräsentation zu streiten. Allerdings muss man wohl aufgrund der ambivalenten Geschichte von Pop betonen, daß man diesen Kampf immer wieder verlieren wird, wenn es nicht gelingt, an den sozialen und institutionellen Praxen etwas zu verändern. (Holert/Terkessidis 1997, 19)

In Anlehnung an den *Kulturdilemma*-Text von Greverus waren drei Themenfelder im Hinblick auf mein Thema entstanden. Diese drei Themenfelder werden im Folgenden abgehandelt und die oben beschriebenen Vorannahmen, also zum Beispiel das Denken von despotischem Mainstream und den von ihm vereinnahmten Subkultur-Enklaven, kritisch hinterfragt. Die Begriffe der Entmächtigung und Vereinnahmung werden sich als Problemfälle erweisen. Als zu unklare und parteiisch urteilende Begriffe sind sie Teil einer überholten Argumentationsfigur, die Anstoß von Diskussionen, nicht aber von wissenschaftlicher Erkenntnis, sein kann. Trotzdem behalten sie, wie viele andere Konzepte und Ideen der Moderne, auch in der Postmoderne ihren Sinn. Sie deuten auf ein reales Verhältnis hin, welches jedoch eventuell mit einer anderen Theorie besser gefasst werden könnte (zum Beispiel mit komplexen Macht- und Herrschaftstheorien, wie sie von Michel Foucault oder Pierre Bourdieu entwickelt wurden). Eine Definition der möglichen Bedeutung und Relevanz der Vereinnahmungs-These wird am Ende dieses Kapitels mithilfe des britischen Kulturwissenschaftlers John Fiske versucht.

Kann Streetart als Subkultur bezeichnet werden?

Um den Bedingungen und Auseinandersetzungen der Postmoderne (Globalisierung, Medialisierung, Hybridität, Pluralität, dem Verlust des Glaubens an eine alternative Zukunft etc.) ihren notwendigen Raum zu geben, wird von einigen Theoretikerinnen und Theoretikern vorgeschlagen, von dem Begriff Subkultur Abstand zu nehmen, da er stark von den klassenspezifischen Subkulturen und deren Erforschung in den 1960er Jahren geprägt und somit allzu sehr darauf festgelegt sei (vgl. Baakke/Ferchhoff 1995). Auch habe sich das Verhältnis von Subkultur zum Mainstream signifikant geändert:

> Die Deutung einer 'kulturell weitgehend unbeweglichen Mehrheitsgesellschaft' im Rahmen einer konventionellen, alten Ordnung, die sich mit beweglichen und provokativen subkulturellen

> Strömungen auseinanderzusetzen hat, scheint den gewandelten Strukturen nicht mehr gerecht zu werden. Die ehemals subkulturellen Impulse sind kulturell verallgemeinert, normalisiert, nivelliert und entdramatisiert worden. (Baacke/Ferchhoff 1995, 41)

Es gilt allgemein als notwendig, sich von jener starren und hierarchischen Vorstellung vom bestimmenden, einverleibenden Mainstream, der sich auf die verschiedenen Subkulturen stützt und sich aus ihnen mehr oder weniger bedient, zu verabschieden. Statt wie die Jugendkulturforscher Dieter Baacke und Wilfried Ferchoff für einen Abschied vom klassischen Subkulturenkonzept zu plädieren, möchte ich jedoch an dem Begriff trotzdem weiter festhalten. Es geht mir dabei darum, anhand des Bedeutungswandels des Subkultur-Begriffs die Kontinuitäten und Diskontinuitäten der Denkfigur Subkultur greifbar zu machen. Auch der von Hebdige (vgl. Hebdige 1979) analysierte Lebenszyklus von Subkulturen, der „idealtypisch von ihrer Entstehung als Regelbruch über ihre mediale Verbreitung bis zu ihrer schließlichen Inkorporation durch kommerzielle und kulturelle Träger des mainstreams verläuft" (Lindner 1995, 36), ist längst nicht obsolet[59]. Ich denke eher, dass sich die Haltung der subkulturellen Subjekte zu dem Begriff und zu dem Umstand der Vereinnahmung verändert hat. Die Grundbedingungen der kapitalistischen Verwertungslogik bleiben ebenso bestehen, und mit ihnen die Modelle von Basis und Überbau sowie Mainstream und Subkulturen, die weiterhin für eine kritische Analyse erkenntnisreich sein können. Das theoretische Konzept zum Erfassen der genannten Zusammenhänge, von Minderheiten und Bewegungen, kann meines Erachtens also das Subkultur*en*konzept bleiben. Es geht um die Anwendbarkeit von Modellen und Konzepten: „Das wissenschaftliche Potenzial von Begriffen erweist sich im Gebrauch" (Paris 2000, 49). Ein Begriff sollte jedoch offen, aufmerksam und veränderbar sein und auf die Auflösung der starren Grenzen und der klaren Hierarchie von Oben und Unten, auf „Ausfransungen" und „Wucherungen" hinweisen – was zum Beispiel durch den Einbezug von Lückenkulturen, Pop-Plateaus und ineinander greifenden Vereinnahmungen und sich durchdringenden Sphären funktionieren kann (vgl. Höller 1997).

Die Grenzen und Übergänge zwischen Mainstream und Subkulturen sind tendenziell fließend und dynamisch. Doch bedeuten die Unsicherheiten in der Abgrenzung oder der Vorstellbarkeit nicht, dass eine methodische Unterteilung in jene zwei Kulturen-Sphäre ganz und gar hinfällig wird. Denn Kultur(en) sind schon immer schwer abgrenzbar, hybrid und fluide gewesen. Da gerade wir Kulturforscher- und Forscherinnen schon lange von der Diffusität unserer Gegenstände, mehr noch von der Unsicherheit der Begriffe wissen, fällt es vor diesem Hintergrund leichter, ein Wort nicht als Spiegelung einer sozialen Tatsache, sondern vielmehr als ein Werkzeug und Instrument zur Interpretation oder Beschreibung der Welt zu sehen. So bleibt das abstrahierte Denkgerüst von Subkultur und Mainstream trotz der genannten gesellschaftlichen Veränderungen ein Werkzeug aktueller kulturanthropologischer Analyse, um unter anderem kritisch auf die allgemeine kapitalistische Verwertungslogik und die weiterbestehende Eingebundenheit in ökonomische Verhältnisse hinzuweisen.

Fremdkulturelle Elemente in lokaler Streetart?

Streetart kann zunächst fremd wirken, da sie den normalen, d.h. konventionellen, Ablauf, also die hegemonialen, gesetzlich festgelegten und ökonomischen Muster der Nutzung des öffentlichen Raumes, unterläuft und sich quer zu diesen abspielt. Da Unternehmen sich Raum für ihre Botschaften in der Stadt kaufen können, entsteht eine Ökonomie der Aufmerksamkeit, eine Hierarchie, wessen Information wir sehen können und welche nicht. Der öffentliche Raum kann nicht uneingeschränkt eigenmächtig angeeignet werden. Streetart wird häufig aufgrund der dementsprechenden gesetzliche Verankerung als krimineller Vandalismus (wenn auch in einer schwächeren Form als Graffiti) betrachtet. Andere Betrachter von Streetart jedoch erkennen ein Stück ihrer Selbst darin, empfinden also ästhetische Vertrautheit und somit genau das Gegenteil eines Kulturschocks.

Streetart kann fremd wirken, da sie eine unkonventionelle Verbindung herstellt, indem sie angewandte/bildende Kunst auf die Straße bringt. Damit durchkreuzt sie die konventionellen Abläufe der bürgerlichen Kunst, genauso, wie sie die konventionellen und erwünschten Abläufe auf der Straße[60] verändern. Sie provoziert tatsächlich, da sie das Festhalten an starren Grenzen in beiden Bereichen in Frage stellt. Während sie jene missachtet, so nimmt Streetart auch viele Regeln der Kunst mit sich auf die Straße. Sie untergräbt zum Beispiel nicht die Logik des Kunstwerkes, reanimiert sogar die Idee der Aura (vgl. Benjamin 1973). Aber sie unterläuft die konventionellen und anerkannten Wege der Kunst und erlangt Fame auf einem anderen, nur subkulturell erschlossenen und transformiertem Weg. Nicht markt- und zweckmäßig zu sein unterstreicht die ökonomische Ausrichtung der übrigen Bildproduktion im öffentlichen Raum und stellt die implizite Frage, was uns da eigentlich als fremd erscheint (und warum die kommerzielle Werbung dies nicht tut). Streetart ist „Interaktion und Kommunikation jenseits hegemonialer Kommunikations- und Wahrnehmungsstrukturen im öffentlichen Raum" (Klitzke 2005, 74). Die Werke treten einer großen Gruppe von Menschen, indem wir uns an *Die Feinen Unterschiede* und an das Konzept der Distinktion bei Pierre Bourdieu erinnern, tatsächlich fremd entgegen.

Damit lässt sich auch die Frage nach der Provokation zum Teil positiv beantworten. Denn ja, Streetart kann einige Menschen provozieren. Die Anderen, Nicht-Provozierten, sowohl die Rezipienten auf der Straße als auch die Künstler, Kuratoren und AusstellungsbesucherInnen, wollen sich von der hegemonialen Wahrnehmungs- und Rezeptionsweise distinktiv abgrenzen. Ihnen geht es um eine Unterscheidung von den Blickwinkeln und dem Kunstverständnis der „normalen" Leute: dem Mainstream. Sie unterlaufen gemeinsam, als Künstler und Rezipienten, die rückschrittlichen Bedingungen der auf Zerstreuung und Kontrolle basierenden Massenrezeption (vgl. Benjamin 1973). Die Vielfalt der Subjektkonstitution und der Werke lässt jedoch insgesamt keine eindeutige Antwort auf die Frage nach fremdkulturellen Elementen zu. Fremdheit und Provokation sind Entscheidungen, die im individuellen Ermessen beruhen und mit Klassenfragen, Geschlechtszugehörigkeiten und anderen Ungleichheitselementen (wie Migrationshintergrund, Alter, Bildung u.s.w.) zusammenhängen.

Streetart und Ästhetisierung

> Nicht dass Pop nicht eventuell subversiv ist, ist das Problem, sondern dass diese Formen der Subversion höchstens in einem ästhetischen, nicht aber in einem praktischen Verhältnis zur Gesellschaft stehen. (Behrens 2003, 29)

Der Philosoph und Sozialwissenschaftler Roger Behrens macht mit dieser sehr interessanten Aussage aus seinem Buch, in welchem er mit Kritischer Theorie die Popkultur betrachtet, auf jene Frage aufmerksam, die sich mit der ästhetischen Dimension von Subversion beschäftigt. Ästhetik ist zunächst ein historischer Begriff. 'Das Schöne' ist nicht klar festgelegt, sondern befindet sich in einem stetigem Aushandlungsprozess. Das Ästhetische ist somit Träger und Verhandlungsfeld von Macht. Streetart greift, wenn auch nur marginal, in die Verhandlung von zeitgenössischer Ästhetik ein. Auch der symbolische Protest der Avantgarde-Bewegungen war ein Moment des tatsächlichen Kampfes im künstlerischen Feld, worin die Definitionsmacht verhandelt wurde (vgl. Illing 2006, 147). Ästhetischer Widerstand ist jedoch ein diffiziles Feld, da wir an anderer Stelle schon erfahren haben, dass Zeichen und Stile auch kontextlos vermarktet werden können. Oder wie der Theoretiker der Postmoderne, Andreas Huyssen, dazu schrieb:

> Die gegenkulturelle Funktion des rein Ästhetischen läßt sich (...) kaum aufrechterhalten, wenn das Kapital selbst das ästhetische Prinzip direkt in die Warenproduktion hineingenommen hat in den Formen von Produktgestaltung, Verpackung und Werbung. (Huyssen 1989, 35)

Nach Baudrillard handelt es sich, wie wir gelesen haben, um ein Zeichen von Schwäche, solange das ästhetische Kriterium (die Zeichenwelt der Herrschenden) noch eine Rolle spielt, solange Objekte überhaupt nach ihrem eigenen Wert schielen! Vor dieser Museifizierung würden die meisten - zumindest der Graffitis - jedoch bewahrt werden durch deren rasche Zerstörung (Baudrillard 1978, 36) und durch das Prinzip Vergänglichkeit. Die ästhetische Reduktion gilt bei Baudrillard sogar als „die eigentliche Form unserer herrschenden Kultur" (ebd., 37). Die Kulturanthropologin Barbara Lang warnt in ihrem Text *Urbane Volkskunst? Graffiti zwischen Selbst- und Fremdinterpretation* davor, dass auch beim Graffiti die wertorientierten Aspekte „Arbeit und Mühe zur bürgerlichen Legitimation für eine illegitime Praxis" werden könnten und dass die Selbst- und Fremdkonstruktion als Künstler bei jenen als Ausschließungsprinzip wirken könnten, „deren Auseinandersetzung mit der räumlichen Umwelt den gängigen Definitionen von Ästhetik oder Kreativität nicht entsprechen würden. Für sie bliebe dann nur noch der Raum der Illegalität" (Lang 1997, 447). Im Vergleich zum Graffiti wird Streetart eher ästhetisiert und damit in das herrschende Zeichensystem aufgenommen. Diese signifikanten Unterschiede in Hinblick auf die Ästhetisierung lassen jedoch, wie ich im Laufe meiner Untersuchung feststellen konnte, nicht auf den höheren Grad von Wirkungsmacht einer der beiden Phänomene (die „ästhetische" Streetart versus das „zerstörerische" Graffiti) schließen.

Die Subjekte selbst, also die befragten Streetartisten, fühlen sich durch Ästhetisierung und die Etablierung im Feld der Kunst nicht (automatisch) entmächtigt. Zum einen kann dies nämlich eine Art Anerkennung in selbstverständlich finanzieller, aber auch in ideeller Richtung bedeuten[61]. Zum anderen gilt auf den meisten Ausstellungen das Prinzip der egalitären Partizipation (vgl. Klitzke 2005, 43f), welches sich in der Ausstellungskonzeption zum Ausdruck bringt. Entweder werden nur befreundete Künstler eingeladen oder jede/r Besucher (Künstler als auch Rezipienten) bekommt Raum und Möglichkeit, die Ausstellung mitzugestalten. Wichtig ist, zu verstehen, dass es keine vollständige Autonomie der Zeichen- und Stilebene geben kann oder je gegeben hätte (vgl. Höller 1997 oder die Funktionsform der Romatisierung). Ästhetisierung ist also nicht nur Moment der Entmächtigung (kann es aber sein), sondern notwendige gesellschaftliche Bedingung. Zudem garantiert der Prozess, dass die Zeichen überhaupt de-codierbar, lesbar, übersetzbar und verstehbar werden. Ästhetisierung kann jedoch ausschließend wirken oder Objekte in ihrer Aussage stark verfremden.

Streetart und Kommerzialisierung

Eine unumgehbare Entwicklung der kommerziellen postmodernen Gesellschaft ist der „Ausverkauf der Minderheiten“ und darin gerade der Ausverkauf der Differenz (vgl. Gurk 1997).

> Wie die Dinge stehen, haben wir es mit einer Ökonomie zu tun, die in Zeiten dichtester Marktkonzentration eine extreme Vielfalt an kulturellen Leistungen hervorbringt, und diese kulturellen Leistungen sind am Markt um so besser verwertbar, je erfolgreicher sie versprechen, die Option auf Anderssein an den Konsumenten weiterzugeben. (...) nicht Anpassung, sondern Differenz im weitesten Sinne sei die Definition und Triebfeder des postmodernen Konsumismus. So seien die Werte der Sixties-Gegenkultur zur Doktrin des Warenkapitalismus geworden. Alle Rebellion bestätigt ab dem Moment, wo sie die Form der Ware oder Kaufentscheidung annimmt, die Logik einer Kulturindustrie, die scheinbar niemanden mehr ausschließt, weil sie auf der ständigen Suche nach neuen Märkten ist. (...) Das System 'Kulturindustrie' ist gerade deshalb so subtil, weil es sich inzwischen nach allen Seiten hin offen gibt, anstatt über die Forderung nach Konformität einen Angriffspunkt zu bieten, wie noch zu Zeiten der alten Ökonomie. (Gurk 1997, 34)

Die postmoderne Differenz und Produkte der Subversion sind Teil subtiler kapitalistischer Vermarktung geworden. Da jegliche Praktiken und/oder Objekte vermarktet werden können (und es gleichzeitig keinen rigiden Anpassungszwang von oben mehr gibt), ist eine andere, neudefinierte Form des Umgangs mit dem Markt erforderlich: Das heißt in der Praxis, dass „die Kulturindustrie als Ort für Teilnahmemöglichkeiten selbst erkannt und erschlossen werden muss“ (Göttlich 2007, 315)!

Ich erinnere an meinen Interviewpartner NoLogo als exemplarisches Beispiel eines Streetartisten, dem offenbar das Moment der Kommerzialisierung schon so vertraut ist, dass er ohne weiteres gelassen und ungezwungen damit umgeht und arbeitet. Vermarktung gehört eben dazu. Es gilt, das bestmögliche daraus zu machen und das kapitalistische Verhältnis des Marktes auf sinnvolle Art und Weise umzusetzen („ein Abrissgebiet kaufen und es unter Naturschutz stellen“). Die Marktgängigkeit des Phänomens wird von all meinen Befragten nicht bezweifelt. An dieser Gegebenheit wird aber, wie wir gelesen haben, sich abgearbeitet und Position bezogen. Geht es den Ausstellern um Innovation oder Ernsthaftigkeit? Darum, Verbindungen zwischen szeneeigenem Vokabular und Ausstellungskontext zu schaffen (beyond streetart) oder die Ausstellung ganz klar vom Straßengraffiti abzugrenzen (Reinking)? Kommerzialisierung ist also nicht nur Moment der Entmächtigung, sondern notwendige gesellschaftliche Bedingung. Sie kann allerdings ebenfalls Formen annehmen, die ausschließend wirken oder Objekte in ihrer Aussage verfremden.

Streetart und Romantisierung

> Der Einfluß von Medien- und Massenkultur [kann] auf diese Gruppierungen (die untersuchten Subkulturen, Anm. CW) nur als Prozeß der Kontamination gedacht werden, der den Tod des Phänomens - und damit das Ende der Beschäftigung mit ihm - herbeiführt. Das zeigt, dass es bei der Forschung um mehr geht als um die Untersuchungsgruppe, nämlich um den Wunsch nach authentischer Erfahrung. (Lindner 1998, 41)

Der bekannte Kulturanthropologe Rolf Lindner weist in diesem stark reflexiven Text kritisch darauf hin, dass Subkulturen von Forschern unter einem romantisierenden Blickwinkel konstruiert werden. *Authentisch* bedeutet in diesem Falle, dass eine Gruppe als natürliche, ursprüngliche Gemeinschaft imaginiert wird. Den Ethnologen und Ethnologinnen ist auch dieses Thema aus der Geschichte der Faches bekannt und es gilt, diesem veralteten Mythos stets und aktuell entgegen zu wirken. Die Frage lautet, 'Ob es ein unabhängiges Leben frei von kulturellen und damit auch ökonomischen Einflüssen und Zwängen, Mythen und Ritualen gibt?' Und die einfache Antwort darauf ist: nein. Das gab es in der Geschichte der Menschheit auch noch nie (vgl. Kohl 2000/ Kaschuba 1999). Die Bereiche Ökonomie und Kultur bedingen und durchdringen sich gegenseitig - ob nun in Stammesgemeinschaften oder in hochindustrialisierten Gesellschaften[62]. Jegliche kulturelle Äußerung kann es nicht ohne eine Einbindung am Markt geben und umgekehrt. Die materielle Basis beeinflusst (noch immer) die herrschende Ideologie. Auch hat es noch nie Kulturen gegeben, die nicht im Austausch mit anderen gestanden hätten. *Eine ursprüngliche Kultur gibt es nicht, es gibt nur die Ideologie einer ursprünglichen Kultur.*

Romantisierung ist der Versuch, an den grundlegenden Bedingungen der Gesellschaft vorbeizuphantasieren. Auch Romantisierung kann ein entmächtigendes Element im Feld sein. Ich denke, es gehört zum postmodernen Leben dazu, dass sich Teilkulturen nicht als Gegen-, sondern als Subkultur betrachten. Mitglieder postmoderner Subkulturen sind zugleich kritische Befürworter als auch unterstützende Widersacher des Systems.

Romantisierung ist nicht nur Moment der Ermächtigung (mit der als geschützten und nicht-kontaminierten Subkultur als sicheren Ausgangspunkt z.B. des Getting Up), sondern kann Ort normativer Zwänge sein. Sie kann dadurch wie die beiden vorher betrachteten Prozesse auch

Formen annehmen, die ausschließend wirken oder Objekte in ihrer Aussage verfremden.

Die Meta-Ebene der Vereinnahmungs-These

Bei der Diskussion der bisherigen Themenfelder wird deutlich, dass die Fragen nach Provokation und fremdartigen Elementen und nach Ent- oder Ermächtigungstendenzen nicht klar beantwortet werden können, da sie nur individuell und von Fall zu Fall entschieden werden können. Jede eindeutige Antwort würde die Pluralität und Diversität der Gesellschaft missachten und würde als Vermutung oder Urteil auf sehr wackligen Beinen stehen. So lässt sich der „Widerspruch aus Subversion und Affirmation der bestehenden Verhältnisse nicht aufheben. Die Frage ist dennoch, welchen Umgang politisch bewußte Street Artists damit finden" (Schmidt 2005, 152). Meine Gesprächspartner nehmen sich als progressiv handelnde Personen wahr. Ein Werk wie das von Robert interpretierte Os Gêmeos-Bild unterläuft, wie er es ausdrückt, „Normal-Mensch"-Interpretationen, ein Streetart-Sammler wie Reinking unterläuft das gesetzte Sammlerdasein, ein Streetartist wie NoLogo unterläuft die Dogmatismen von Widerständigkeit oder den bürgerlichen Lebensentwurf eines Künstlers. Die einzelnen können zunächst Antworten liefern und sowohl in den Werken als auch im Umgang mit den Menschen ist eine (subversive) Kraft spürbar (Passion statt dem Zwang des Verkaufs der Ware Arbeitskraft). Doch können die einzelnen Subjekte und ihre Werke bei der Frage nach gesellschaftlicher Vereinnahmung als Bewertungskriterien dienen? Nur bedingt, da wir allein an einer Person wie Reinking auf erste Schwierigkeiten von Selbst- und Fremdbewertung stoßen...

Alles in allem ging mit den Prozessen von Ästhetisierung, Kommerzialisierung und Romantisierung nicht nur ein Großteil der „ungebändigten Kraft" der Streetart verloren, sondern sie gewinnt gleichzeitig, allein durch die höhere und breitere Rezeption, an polysemischen Bedeutungen. Die These der Übernahme oder Eliminierung von Fremdelementen zugunsten der herrschenden Kultur kann im Falle der Streetart nur auf Basis von Vermutungen beantwortet werden (da sie zum Beispiel selbst solche Übernahmen betreibt). Auch Vereinnahmung kann, seit Mainstream und Subkulturen nicht mehr klar zu trennen sind, nicht mehr in einer klar einseitigen Form gedacht werden. Es finden sich im Feld sowohl radikale Positionen als auch sehr marktgerechte Formen und es gibt in einem gewissen Rahmen die Möglichkeit, zu wählen. In Hinblick darauf kann zwar die Argumentationsfigur der Entmächtigung und die Enttäuschung angesichts eines bedeutenden Sprayers, der Designer-Möbel sprüht, nachvollzogen werden, denn die Enttäuschung deutet auf ein interessantes gegenwärtiges Feld der Auseinandersetzung hin. Ob eine Ausdrucksform der Schwachen einer Gesellschaft (Communitas) nun eine Struktur stützt oder stürzt, betrifft eine übergeordnete Frage, nämlich nach dem metastrukturellen Aspekt sozialer Beziehungen, welcher sowohl Ursprung als auch Kritik an Struktur gleichzeitig sein kann (Schomburg-Scherff 2001, 490). Ist also Subkultur als (Bedeutungs-) Ort und die subkulturelle Tätigkeit eine integrierende Kraft innerhalb eines komplexen Systems? Eine Frage, die bereits die Cultural Studies beschäftigte...

Subkultur als „Trostpflästerchen"?

John Fiske, ein britischer Vertreter der Cultural Studies, besteht auf der Bedeutsamkeit von Befreiungsmomenten für die einzelnen Subjekte (vgl. Behrens 2003, 199ff)[63]. Er richtet in seinem Text *Politik. Die Linke und der Populismus* die Kritik an die akademische Linke, die kein Verständnis der populärkulturellen Praktiken des Alltags entwickelt habe, und die Massen zu einem dummen Verbraucher-Publikum abwerten würde, welches in ihrem Augen einfach unkritisch konsumiere, was ihnen vorgesetzt würde. Fiske unterscheidet radikale Ansätze auf der Makroebene und progressive Politikformen auf der Mikroebene, also auf der einen Seite konkretes politisches Handeln und auf der anderen Seite die alltäglichen und ständigen Widerständigkeiten der Leute (vgl. Fiske 1999)

Die bisherige linke Theorie (Fiske 1999, 241ff) würde nach Fiske verkennen, „wie standhaft die Leute sich dem System verweigern" (Fiske 1999, 241) und begreife nicht

> ihre unzähligen Vermeidungstaktiken und Widerstandsmanöver, ihr hartnäckiges Festhalten an ihrem Gespür für Unterschiede, ihre Weigerung, die Position des Komplizen einzunehmen, die die bürgerliche Ideologie ihnen mit fortwährender Insistenz aufdrängt. Es reicht nicht aus, die Beherrschten einfach als Opfer struktureller Verhältnisse und ihre Fähigkeit, auf der Alltagsebene mit ihrer Situation umzugehen, klein zu reden. Damit werden die Tricks, die sie gegen das System einsetzen, das Vergnügen, das ihnen Vermeidungs- oder Widerstandstaktiken bereiten und der Gewinn, den sie aus der Erweiterung ihres kulturellen Spielraums innerhalb des Systems ziehen, durch eine Theorie der Systemzugehörigkeit entwertet und sind nicht mehr erklärungsbedürftig. Statt für ihren tagtäglichen Widerstand Anerkennung zu finden, werden die Leute, weil sie ihn mit Vergnügen oder Befriedigung betreiben, zu Kulturtrotteln erklärt. (Fiske 1999, 241f)

Wichtig ist, zu erkennen und anzunehmen, dass Fortschrittlichkeit zeitgleich mit reaktionären Tendenzen auftreten kann, und dass Populärkulturen in ihren praktischen Ausformungen widersprüchlich sowie vielschichtig sind (Fiske 1999, 245). Umso schwieriger ist es, das progressive Potenzial zu erörtern. Zumeist greifen innere, private Veränderungen das System nicht radikal auf der Makroebene an, doch kann die Ermutigung, die von Praktiken der Popularkultur ausgeht, auf der mikropolitischen Ebene durchaus zu progressiven Handlungen führen (Fiske 1999, 270ff). „Die Mikropolitik, die in den Details des Alltagslebens den Widerstand aufrecht erhält, bleibt für den Samen der Makropolitik, ohne den sie nicht erblühen kann, ein fruchtbarer Boden" (ebd., 277). Darum – und das ist eine wichtige Grundlage zur Interpretation von Widerstandspraktiken, wie wir es hier versuchen - gilt es, die zwei Strategien von Vereinnahmung oder Verteidigung nicht gegeneinander aus zu spielen (ebd., 277). Damit ist gemeint, dass „progressive Praktiken als Trostpflästerchen interpretiert werden können, die das System für die Beherrschten bereithält, damit sie nicht aus dem Ruder laufen" (ebd., 275f). Oder aber, dass diese Vereinnahmungen als Erosionsprozess gesehen werden können, durch den die Herrschenden stückchenweise gezwungen werden, „ein Stückbreit Boden aufzugeben, daß Raum gewährt wird" (ebd., 276). Dass also keine objektiven oder eindeutigen Kriterien zum Bewerten von Widerstandspraktiken und Vereinnahmung bestehen.

> „Es könnten sich eventuell die gemäßigteren und bescheideneren Ziele der progressiven Politik (...) als praktischer und popularer erweisen als die großen und weiter entfernten Zielvorstellungen des Radikalismus" (Fiske 1999, 277).

Die unbewußt inkorporierten Widerstandstechniken könnten besonders stark in einer Zeit verschärfter gesellschaftlicher Widersprüche bedeutsam werden, da zwar in Widerstand geübte Menschen notwendig gebraucht würden, jedoch ohne dass diese sich selbst als radikal wahrzunehmen brauchen. Wenn jemand und mehrere aus Empörung um Veränderungen kämpfen, so kann dies in manchen Fällen wirksamer als der Widerstand aus Überzeugung sein.

Letztlich führt also eine Bewertung der subkulturellen Praktiken zu keinen klaren Aussagen und Voraussagen. Viel interessanter ist es dann, wie Geertz in der Einleitung zur *Dichten Beschreibung* darlegt, die rätselhaften Geschichten zunächst ethnografisch in das Archiv der Menschheit aufzunehmen (vgl. Geertz 1991) und sich an diesen, wenn dies sinnvoll erscheint, im Sinne einer eingreifenden Wissenschaft zu beteiligen (vgl. Bourdieu 1997a). Damit möchte ich also zunächst die letzte unserer Fragen beantworten: Kann die Streetart-Subkultur als Agentin der Harmonisierung und Normalisierung entlarvt werden? Nein, das kann sie nicht... denn es handelt sich hierbei um ein ambivalentes, schwer zu bewertendes Meta-Verhältnis. Ob eine Subkultur nun eher Vereinnahmung von Seiten der Herrschenden („Trostpflästerchen" für die Beherrschten [vgl. Fiske 1999, 275f]) oder Vereinnahmung von Seiten der Beherrschten (Raum der Herrschenden erobern und einnehmen) ist, bleibt Frage der Interpretation und ist nicht abschließend zu beantworten. Zudem sind auch diese Meta-Prozesse keine, die sich gegenseitig ausschließen. Sie verlaufen ungleichzeitig und sind von Pluralität geprägt.

9 Seid Sand, nicht das Öl im Getriebe der Welt!

> *Nein, schlaft nicht, während die Ordner der Welt geschäftig sind! Seid misstrauisch gegen ihre Macht, die sie vorgeben für euch erwerben zu müssen. Wacht darüber, dass eure Herzen nicht leer sind, wenn mit der Leere eurer Herzen gerechnet wird! Tut das Unnütze, singt die Lieder, die man aus eurem Mund nicht erwartet! Seid unbequem, seid Sand, nicht das Öl im Getriebe der Welt! (Eich 2006, 434)*

Auch wenn die Frage nach gesellschaftlicher Vereinnahmung von Subkulturen nicht abschließend beantwortet werden kann und als Rückgriff auf die Moderne auch weiter wirkmächtig bestehen bleibt, so ist doch eines sicher: ob als Strategie oder unbewusst, Streetart ist als Phänomen eine kritische Auseinandersetzung mit bestimmten gesellschaftlichen Bereichen. Um auf die umkämpften Felder von Öffentlichkeit, Kommunikation und Kunst nochmals näher einzugehen, trage ich einige Ergebnisse und Aspekte, die im Laufe der Arbeit hervorgetreten sind, im Folgenden nochmals zusammen.

a) Öffentlicher Raum

- Die Veränderungen der Bedingungen innerhalb der städtischen Öffentlichkeit: die Entstehung der so genannten semiokratischen Herrschaft ist der Hintergrund der Streetart-Wirkmächtigkeit. *Andere/fremde* Zeichen können in einen bedeutsamen und mächtigen Zeichendiskurs einwirken.
- Die Stadt als Ort steht für Öffentlichkeit und Rezeption schlechthin. Die Stadt als Träger der (subkulturellen) Zeichen strukturiert Wahrnehmung und kann Möglichkeiten zu *anderer* Wahrnehmung bereithalten. Streetart ist ein Angebot zum Unterlaufen der als Norm geltenden Wahrnehmung der Stadt, denn sie unterliegt nicht der Zweckgebundenheit der Ökonomie. Als limitierte und vergängliche Werke wirken sie auf die Passanten ein.
- Streetart ist von der Form her ein Phänomen, an welchem sich Kritik an der Stadtverwertung (womit die durchrationalisierte und funktionalistische Raum-Struktur moderner Städte beschrieben werden kann), konzentrieren kann. Mehr oder weniger bewusst wird so eine Kritik am Bestehenden formuliert.

- Die Produktions- und Distributionsmittel sind individualisiert. Die Streetartisten benötigen keine Instanzen zwischen sich und der städtischen Öffentlichkeit. Sie sind anonym und konsequent subjektiv. Sie greifen in die Lücken der verplanten Öffentlichkeit ein und setzen sich in ihren kleinen Winkeln unbeständig, aber wiederholt fest. Eine Stadt birgt und bringt Persönlichkeit(en) hervor.

- Der öffentliche Raum ist für alle da, heißt es – und jene, die sich von den Streetart-Werken in der Stadt ästhetisch und politisch angegriffen fühlen, unterstreichen die Ansatzpunkte der Streetart: Nämlich eine Infragestellung der herrschenden Ordnung zu sein, die sich im öffentlichen Raum manifestiert und durchgesetzt wird.

b) Visuelle Kommunikation durch Zeichen

- Die Zeichen der Streetart treten kommunikativ an die Öffentlichkeit heran, ohne von den Rezipienten eine konsumistische Haltung zu verlangen. Es handelt sich um visuelle Kommunikation, die sich auf subkulturellen Wegen ihren Raum erobert. Es werden somit neue Öffentlichkeitsformen und neue Kommunikationspfade geschaffen.

- Die Streetart ist Teil einer grafischen Gegenkultur. Menschen kommunizieren über Zeichen, Styles, Codes und Körper. Visualität erhält dabei zunehmende Bedeutung. Nach dem Philosophen *Douglas Kellner* entstehe in der Postmoderne „größerer Raum für jugendliche Subkulturen" (Kellner 1997, 76). Es gäbe nun eine „Generation, die mit Personal-Computern, CD-Roms, dem Internet und dem World Wide Web" aufgewachsen sei und sich so technologische Fähigkeiten aneignen würden, die sie versiert damit umgehen lassen würde. Es böten sich „bislang ungeahnte Möglichkeiten, eine eigene Kultur zu schaffen" (ebd., 77).

- Die Streetart-Subkultur verweigert sich der zunehmenden Körperlichkeit als Ort der Kulturproduktion. In einer Zeit, in der die ästhetische Dimension sich so stark auf Körper bezieht und sich auch die Kritik der Verhältnisse immer mehr auf eine andere Körperlichkeit stützt, muss die Entziehung des Körpers innerhalb der Streetart als ein politischer Akt gesehen werden[64]. Die Konzentration auf das Werk und die Verweigerung der physischen Präsenz durch Anonymität zieht sich strukturell durch die komplette Streetart-Subkultur.

c) Institution Kunst

- Die Streetart übt Kritik an den üblichen Formen der Kunstproduktion, indem sie die Werke in den Vordergrund stellt, indem sie populär wirkt und allgemeinverständlich sein möchte, indem sie anonyme Künstler emergiert.

- Mit Ausstellungs-Kunst hat die Straßenkunst erst in einem weiteren Schritt zu tun – und bleibt darüber hinaus auch in einem Ausstellungskontext Erinnerung an die Erfahrung der symbolisch-kritischen Wirkungsweise der Streetart im öffentlichen Stadtraum.

- Streetart nimmt jedoch auch die Regeln der Kunst mit sich auf die Straße. Sie reanimiert die Idee der Aura und des Kunstwerks auf erstaunliche Weise. Da in der Institution Kunst mehr und mehr eine Konzentration um eine performierte Verweigerungshaltung im Sinne von vergänglichen Werken und Aufführungen stattfindet, gehen Streetart-Werke zurück zu einer eindeutigen Werkästhetik. Sie sind materiell, zugänglich und verständlich. Da Streetart die konventionellen Wege der Kunst unterläuft (Fame wird auf anderen, nämlich den subkulturell erschlossenen Wegen des Getting Up erreicht), ist sie mindestens Kunstkritik und teilweise auf die Zerschlagung der Institution aus.

- Ein weiterer Aspekt ist die Umwertung und Infragestellung des normierten künstlerischen Schaffens-Prozesses. Streetart regt Diskussionen zu Autonomie, Kunstproduktion, Establishment, Macht und Passion neu an. In einer Zeit in der das *Künstler-Genie und das Werden eines Kunstschaffenden*[65] als strenge arbeitsintensive Ausbildung, als Teil einer bürgerlichen Leistungsideologie, performiert wird, bezieht die Streetart-Subkultur eine gegensätzliche Position. Der anonyme Streetartist ist unabhängig von der Bewertung anderer und erschafft etwas, weil er/sie die Notwendigkeit dazu verspürt. Die Autonomie des Künstlers (dessen Leben ein dem neoliberalen Leitbild des entfremdeten Arbeitens durch Verweigerung der Nützlichkeit entgegengesetztes letztes Schlupfloch des Kapitalismus bildete [Schweppenhäuser 2007, 161ff]), ist unter Legitimationsdruck geraten und erfindet sich in der Streetart auf postmoderne Art neu. Die Streetart-Subkultur erschafft einen Möglichkeitsraum, in dem ein eigener Begriff vom Künstler definiert und auch umgesetzt werden kann!

Grundzweifel des widerständigen Subjekts

Die postmoderne Sensibilität, wie Andreas Huyssen die gegenwärtige Form der Mentalität bezeichnet, ist gekennzeichnet durch eine Art Nüchternheit.

> Die utopische Vision der ästhetischen Moderne, daß das moderne Leben durch die Kunst erlöst werden könne, dürfe einer postmodernen Sensibilität kaum mehr entsprechen. (Huyssen 1989, 34)

Streetart ist aber mehr als eine vermarktbare Subkultur, die von einer nüchternen Mentalität geprägt ist. Passion, künstlerische Eigenständigkeit und Ernsthaftigkeit sind die Prinzipien, die mit Streetart diskursiv verhandelt werden. Schnelllebigkeit, Verwertbarkeit, Angepasstheit und Hierarchien werden nicht nur ästhetisch in Frage gestellt. Denn: Hier kann ein Mensch tatsächlich seine ästhetischen Bedürfnisse und auch das Bedürfnis nach kontrollierender Raumorientierung[66] ausleben, und seine künstlerischen Erzeugnisse einer (Teil-) Öffentlichkeit präsentieren. Es wird der konventionelle Weg der Kunstausbildung umgangen. Es wird ein Ziel erreicht, das ansonsten nur möglich ist, wenn man in frühen Jahren begonnen hat, Kunst zu studieren (und die hierfür notwendigen Voraussetzungen mitbringt: Beziehungen, Anpassungsfähigkeit, Geld, etc.) und sich dann in einem wechselseitigen Prozess Stück für Stück den Bedingungen der Kunstwelt untergeordnet und individuell angepasst hat[67]. Einigen der Streetartisten gelingt also eine Art Quereinstieg in die Kunstwelt. Wie die Herrschaft selbst, so scheint auch der Widerstand unsichtbarer zu werden und sich auf verschiedene kulturelle Felder auszuweiten. Die Beziehungen zwischen Kulturproduzenten und Konsumenten kann als ein allumfassendes Machtnetz gedacht werden, statt als einseitige Manipulation durch die Herrschenden (vgl. Klein 1999, 291). Die starke Gegenüberstellung von Kommerz auf der einen Seite und Autonomie auf der anderen verliert seine Geltung, seine Beweiskraft und seine emotionale Brisanz. Wir haben gelesen, dass - solange die Streetartisten sich der Definition und Repräsention ihrer Kunst nicht beraubt fühlen - sie dem Ästhetisierungs- und Kommerzialisierungsprozessen nicht mit allzu großen Bedenken gegenüberstehen, sondern dass sie diese wissentlich und präzise miteindenken und -planen, da sie auch dadurch eine Art Aufweichung und Zersetzung feststehender Grenzen und Kategorien betreiben möchten.

Ein Grundzweifel gegenüber dem kommerziellen Sektor und seinen impliziten Vereinnahmungsstrategien durch Kommodifizierung, also durch das Zur-Ware-Werden und die Privatisierung der Dinge, bleibt aber weiterhin bestehen, wie mir auch NoLogo in einer Email berichtet:

> Diese Geldverdienproblematik ist ganz schön stressig - ich meine, ich verdien' ja auch Kohle nebenbei mit der einen oder ande-

> ren Streetart-Sache - nur frage ich mich, ob man da wirklich jegliche Kritik aus seinen eigenen Arbeiten nehmen muss, die Attitüde der großen Marken annehmen muss und dann keine Kritik mehr von Außen erträgt. Ich denke, es hat viel mit Erfahrungen zu tun. Ich kann das natürlich nur an mir festmachen. Um 2005 war ich in Dresden der bekannteste, aktivste und kommerzigste Streetartist überhaupt - ich war durchaus noch ein wenig kritisch, aber längst nicht so wie ich's hätte sein sollen, denn der kommerzielle Erfolg hat mich doch sehr geblendet. Und so kam es, dass irgendwann wieder mein Gewissen an mich appelliert hat: 'So geht das nicht!!' In dieser Zeit war ich auch nicht allzu kritikfähig. Nachdem ich nun aber meine Erfahrungen daraus gezogen habe, muss ich feststellen, dass all dieser Kommerz nicht viel bringt - er zerstört eher viele Ideen der Streetart. (NoLogo, Email Oktober 2007)

Die Argumentationsfigur Entmächtigung behält also weiterhin (durch den möglichen Verlust der Kritikfähigkeit, aufgrund von z.B. Abhängigkeit von Aufträgen, und der Einschränkung der künstlerischen Freiheit etc.) ihren Sinn. Sie wird anhand der einzelnen Strategien der Streetartists konkret. Der bewusste Umgang mit Kommerzialisierung und die Herausarbeitung von künstlerischer Autonomie meint nicht die Negation und Ausblendung des Bereichs des Kommerzes, sondern eine sensible Umgangsweise mit dessen Bedingungen. Dies zeigt sich auch anhand der szene-internen Empörung, die ein Münchener Verleger auf sich zog, nachdem er ein Bilder-Buch eines Fotografen mit verschiedenen Berliner StreetartWerken herausbrachte: *Streetart Berlin,* ein Fotobuch mit Bildern aus dem öffentlichen Raum. Jedoch: ohne die Urheber der Streetart-Werke je gefragt zu haben, ob diese denn in dem Buch herauskommen wollten. Der Ärger unter den Berliner Streetartisten war groß und gipfelte in einem Email-Verkehr, den der Künstler Gould mit dem Verleger und seinem Rechtsanwalt führte[68]. Hier wird deutlich, dass Streetartisten sehr genau unterscheiden, wer ihre Werke wofür nutzen darf. Gould kritisiert in dem Brief, dass kein Kontakt mit den Streetartisten selbst hergestellt wurde, wie bei anderen (Streetart- und überhaupt) Publikationen üblich. Kontakt zu den Streetartisten aufzunehmen, könne Gould, so schreibt er, nur empfehlen, falls der Verlag „nicht nur Interesse an einem Buch mit guten Verkaufszahlen, sondern auch an einem guten Buch mit guten Verkaufszahlen" haben sollte:

> Es sei wirklich nicht schwer, an die Künstler, Schreiber und Dokumentatoren von deutscher und internationaler Street Art heranzukommen! Glauben Sie mir, diese Leute haben noch sehr viel bessere Photos auf ihren Festplatten als irgendein Sven Zimmermann, können Geschichten zu den Arbeiten erzählen, spannende Zustandsveränderungen aufzeigen, eine Systematik erstellen und

außerdem das nötige Verantwortungsbewußtsein einbringen! (Gould, Offener Brief 2007: www.flickr.com/photos/urban-art-berlin/130825102, Zugriff 23. Januar 2008)

Zentraler Punkt der Auseinandersetzung ist die Problematik des *Copyrights*. Da Streetart im öffentlichen Raum stattfindet und - aus Gründen des Selbstschutzes - von anonymen Personen dort angebracht wird, ist rechtlich schwer durchsetzbar, dass diese ihr Werk vollends vor Zugriffen schützen können. Streetartisten stehen der subkulturellen Weiterverbreitung positiv gegenüber, jedoch haben sie keine klaren Rechte in der Hand, wenn es um Kopie oder Verwendung ihrer Werke von (aus ihrer Sicht) falscher Seite, zum Beispiel von Seiten des Kommerzes, geht.

Auch der Fragenkatalog[69], den der Künstler Above angelegt hat für all jene, die seine Kunst erwerben möchten, zeugt von dieser sensiblen, bewussten Umgangsweise mit den eigenen Werken und der Angst vor dem Verlust der (Be-) Deutungsmacht. Indem er nach Beantwortung seiner Fragen ("Do you have any regrets that you have made in your life? What is your definition of the word INTEGRITY?" etc.) auswählt, wem er seine Kunst zukommen lassen möchte, also eine Art persönliches (Tausch-) Verhältnis aufbaut, schafft er es, in Bezug auf seine Werke die Logik der Kunst als Ware zu umgehen. Meines Erachtens zeugen diese Vorgehensweisen von einer Lehre aus den Erfahrungen voriger Subkulturen, denen die Cultural Studies die berühmte Abfolge der Entstehung, Verbreitung und Vermarktung subkultureller Stile (Lindner 1985, 207f) bescheinigt hatte. Zum Schutz vor der totalen Vereinnahmung, die tatsächlich entmächtigend und entmutigend wirken kann, versuchen die Streetartisten ihren Fokus auf ihre eigenen Tätigkeit zu richten, diese nach Innen zu stärken und nach Außen abzugrenzen. Innerhalb der verschiedenen Repräsentationenpraktiken von Beyond über High Art bis zum Underground sind diese Parameter unterschiedlich angelegt. Dies wird schon an der Repräsentation (siehe Fotos) der verschiedenen Ausstellungen und am Habitus der beteiligten Künstler selbst deutlich[70].

10 Fazit

Die Repräsentation vermittelt ästhetisch, mit wem wir es zu tun haben und legt damit ungefähr die Künstler-Spanne und das Ausstellungsklientel fest.

Repräsentationspraktiken unterscheiden sich stark durch ihr ästhetisches Erscheinungsbild und ihre dadurch geschaffene Atmosphäre. Sie können zwar ein und die selben Werke präsentieren, doch

- **der Ort**, an dem ausgestellt wird,
- **die Menschen**, die in Planung und Durchführung mitwirken
- **die Art und Weise** der Präsentation (ob gerahmt, direkt auf die Wand aufgetragen oder mit freier Fläche zum Mitkleben präsentiert wird)

sind die ausschlaggebenden Faktoren dessen, *wie* und *was* kommuniziert wird. Die Veranstalter und Veranstalterinnen der Ausstellungen machen sich zahlreiche Gedanken zu diesen Fragen und prägen während der gesamten Konzeption und Durchführung durch ihre speziellen Praktiken einen unverwechselbaren Repräsentations-Stil. Selbst wenn etwas schließlich ungeplant erscheint, so steckten dahinter doch gezielte Entscheidungen! Darum auch ist jede Repräsentation authentisch.

Repräsentation ist ein sensibles Feld, da hierbei Kontextualisierungen stattfinden und real werden, die in verschiedene Richtungen streben und auf die Identität der einzelnen Beteiligten zurückwirken. So eruieren die Künstler, die ihre Kunst im Auge behalten, wo, mit wem, und wie sie sich am besten repräsentiert fühlen. Die einen scheinen die Angleichung an die Ausstellungspraxis von Museen und konventionellen Ausstellungspraktiken zu befürworten (Ausstellung im Von-der-Heydt Museum), während andere die Musealisierung von Objekten kritisch betrachten und innovative Ausstellungskonzepte ausprobieren (beyond streetart-Ausstellung). Manche können sich mit Nähe zum Kommerz anfreunden (Nike-Shop-Ausstellung), während andere in der romantisierten Ecke der Subkultur verweilen möchten (Reclaim the city & Überdose-Ausstellung). Der Anschluss an bestimmte Kuratoren(-Kollektive) hängt sehr stark von den einzelnen Streetartisten ab, die in einem Feld der Macht mitbestimmen können, inwieweit ihre Kunst vom Prinzip der egalitären Partizipation geprägt bleiben soll.

Ästhetische Wahrnehmung bildet die Klammer aller postmodernen Bewegungen und Bestrebungen. Solange aber mit Kreativität und Werken gehandelt wird (statt z.B. mit Körpern und Stilen), solange ist die oberste

Triebfeder nicht der Individualismus, die Selbstbezogenheit und die Selbstdarstellung, sondern der Bezug zur Gruppe und Subkultur, die Gruppen-Aushandlungen und Vermittlungs-Prozesse. Zudem lässt sich Kreativität nicht massenhaft vermarkten, da weiterhin der einzelne Urheber und dessen unverwechselbarer Stil in den Werken zu erkennen bleibt. Die Nachahmung, und damit die nur auf Konsum gerichtete Vermarktung, ist bei kreativen, aktivistisch ausgerichteten Produkten/Performanzen schwieriger als bei der Neukreation und Vermarktung von Stilen (obwohl selbstverständlich auch eine kreative Praxis zu einem Stil werden kann, der beliebig reproduzierbar und verkäuflich ist). Weil Menschen aus eigenem Interesse mit ihrem Werk sensibel umgehen und es richtig verstanden wissen wollen, kämpfen sie jedoch auch um ihre Fremdwahrnehmung. Warum sich die ganze Mühe machen, um dann falsch kontextualisiert und dadurch falsch verstanden zu werden? Um es gedanklich durchzuspielen: Würde ein Künstler wie Grim[71], der nicht gefallen möchte und seine Arbeiten nicht einer TauschmarktLogik unterordnen möchte, oder Gould, von dem wir gehört haben, dass er sich gegen ungefragte Publikation seiner Werke zur Wehr setzt oder auch NoLogo, der versucht, sich nicht mehr von der Kommerzialisierung in seiner Kritikfähigkeit beeinflussen zu lassen, - würden diese Künstler also eine Ausstellung in einem Nike-Shop[72] vereinbaren? Würden sich Personen des Streetart-Umfeldes nicht darüber wundern? Würden diese Künstler mit dieser Einwilligung etwas komplett anderes als bislang kommunizieren, selbst mit den gleichen Bildern? In einem Museum, also unter ästhetischen Gesichtspunkten, könnte man sich eine Versammlung ihrer Werke dagegen schon eher vorstellen...

Es tritt hier ein merkwürdiger Effekt zutage: dass nämlich *der Kontext eines Objekts höhere Bedeutung gewinnt als das Werk an sich.* Das Auftauchen eines Werks in einem anderen und unbekannten Kontext kann dazu führen, dass sich dessen Bedeutung radikal verschiebt. Vielleicht meinte Walter Benjamin mit seinem Verlust der Aura auch gerade dieses Moment, da die tatsächliche „Sammlung und Stellungnahme" einem Werk gegenüber zunehmend weniger möglich ist, wenn durch den Kontext schon längst tendenziell entschieden ist, wer das Werk wie empfindet und die Menschen auch zunehmend weniger Zeit haben, um sich bei der Überfülle an Werken jeweils die Zeit zur Reflexion zu nehmen. Kunst ist somit mehr Mittel der Kommunikation, denn der Reflexion, geworden. Der ästhetische Rahmen entscheidet, mehr noch als die Ästhetik des Werkes selber, über die Bedeutung, die ein Werk annehmen kann.

Zunächst lässt sich als Ergebnis festhalten, dass subkulturelle Akteure der Frage der Repräsentation, und damit der Kontextualisierung ihrer Werke, bewußt den höchsten Wert beimessen. Solange die Einzelnen das Gefühl haben, ihre kulturschöpferische Disposition zum Ausdruck bringen zu können und ihre Werke unter eigener Regie zu vertreten, also das Gefühl der Kontrolle und Selbstmächtigkeit behalten, können sie ohne allzu große Bedenken mit verschiedenen Stilen der Repräsentation experimentieren (wie zum Beispiel die Künstler-Brüder Os Gêmeos, die sowohl bei der beyond streetart-Ausstellung als auch bei der Still on and non the wiser zu sehen waren).

Weil die Streetartisten nicht unter dem Zwang der Herstellung von Nachfrage stehen, nicht dem Tauschwert oder dem Ausstellungswert ihrer Werke verpflichtet sind und solange sie nicht hauptberuflich dieser Tätigkeit nachgehen, basteln sie an einem relativ geschützten Raum von künstlerischer Freiheit. Das Aneignen der Produktion und der Repräsentation, das Ausprobieren kreativer, unkonventioneller Formen sind sinnvolle Momente der Selbstermächtigung. Die Bedeutsamkeit der ästhetischen Präsentation kann jenseits von individualisierter Leistungsgesellschaft und Konkurrenz-Denken verhandelt werden.

Die Streetartisten schaffen sich somit einen Raum erweiterter Möglichkeiten. Dazu gehören, wie wir anhand der konkreten Beispiele gesehen haben: der bewusste Einbezug der Kommerzialisierung, Ästhetisierung und Romantisierung unter Ausnutzung ihrer progressiv ver-wendbaren Vorteile, die strategische Nutzung der globalisierten Medien, die Anerkennungsstrukturen innerhalb unterschiedlicher, sich nahestehender kreativ-kultureller Strömungen, die projektnahen oder längerfristigen Bündnisse, die Verwendung staatlicher Gelder und die spielerische (Aus-) Nutzung von Lücken innerhalb der Kontrollgesellschaft.

Die Subkultur aber unterscheidet sich von den Sphären des Kommerzes und denen der Kunst. Zwar gibt es von all diesen symbolischen Orten weltliche Praxis: bestehend aus konkreten Menschen, Denkweisen, Handlungabläufen und Beziehungen. Die Subkultur ist jedoch geprägt von der Idee der egalitären Partizipation und ist oftmals Ausgangspunkt von Aktivitäten. Hier treffen sich Menschen mit ähnlichem ästhetischen Empfinden und kritischer Haltung und beeinflussen sich auf einer diy-Ebene als (im Idealfall) Gleichgestellte und Gleichgesinnte egalitär und partizipativ gegenseitig. Kommerz und Kunst wird auf jene Menschen und Werke erst aufmerksam, wenn sie ihr Getting Up, eventuell auch mithilfe der subkulturellen Verbindungen, bereits durchlaufen haben und dadurch Fame erlangten.

Um sich von *Trittbrettfahrern* innerhalb der Subkultur abzugrenzen, gibt es eigene Kontrollfaktoren und Regeln, die sich entwickelt haben. Dazu gehört als Hauptprinzip dasjenige der *Ernsthaftigkeit*. Dies meint im Kleinen eigenes Engagement, Kontinuität, Eigensinn... Auch in der Subkultur ist nicht jedes Kunstwerk gut, nicht jeder Macher ein Künstler. Eine Sache ernsthaft durchziehen, sich autark zu entwickeln, eine eigene

Bildwelt kreieren, etc. „Ich seh das nicht als Pflicht - ich brauche es !!!" Denn letztlich kommt es - sowohl in der Teilkultur als auch in der Gesamtgesellschaft - nicht auf die Kunstwürdigkeit der Objekte, Kunstfertigkeit des Künstlers, die Lesart des Publikums oder Magie/Charisma an, sondern um eine authentische und ernsthafte Art, Kunst zu schaffen. 'How to stay real' ist darum auch die zentrale Frage aller Mitglieder von Subkulturen. Sie beantworten und diskutieren dieses Verhätnis in andauernden Auseinandersetzungen, in denen sie durch ihre ganz persönliche Auslegung, ihre performative Darbietung oder durch Verweigerung bestimmter gesamtkultureller Identitätsmuster in den Diskurs eingreifen.

Die Etablierung der Streetart bereitet den Akteuren unter wissentlichem und bewusstem Einbezug der auf sie einwirkenden Prozesse kaum Bedenken. Gerade die Sell Out-Problematik bildet einen Kumulations-Punkt der Auseinandersetzung innerhalb der Streetart-Subkultur, an dem ihre Besonderheit, ihre Aktualität und ihr Zusammenhalt erfahrbar wird und immer wieder von neuem hergestellt wird. Es ist jedoch kaum zu entscheiden, ob die - ohne Frage - selektive Etablierung einer kreativen Praxis in die Sphäre des Warentausches gesellschaftlich eher ein integratives Element im System bedeutet oder einen erkämpften Raum innerhalb des (semiokratischen Zeichen-) Systems bezeichnet (in Richtung der Ausweitung der radikalen Aktion und der Konstitution anderer/fremder Bildwelten). Die Streetartisten wollen ja die Kommunikation und hohe Rezeption ihrer Werke, sie lehnen nur die üblichen Methoden der Verbreitung mit anschließender Vermarktung und Integration in die Gesamtgesellschaft ab. Sie durchbrechen damit die entmutigende Voraussage der Subkulturen-Forscher vergangener Tage von der „Entstehung, Verbreitung und Vermarktung" von Subkulturen und finden somit Zwischenwege und Nischen im System. Dieser sensible Umgang mit sich und seinen Werken verspricht meiner Meinung nach eine absehbare längerfristige Aktualität des Phänomens Streetart...

Kunstwissenschaftlich, sozialwissenschaftlich und kulturwissenschaftlich bleibt die Analyse von Streetart ohnehin aktuell. Die kritischen Fragen, die sie weiterhin an Öffentlichkeit, Kunst und Kommunikation stellt, bleiben gegenwartsnah und sind von Bedeutung. Das derzeitige historisch-symbolische Verhältnis unserer Gesellschaft materialisiert und kristallisiert sich auch in dieser alltagskulturellen und künstlerischen Praxis.

11 Schlussbemerkung

Einen letzten, die Kulturschock-These von Ina-Maria Greverus betreffenden Punkt, möchte ich zum Abschluss, und als Anreiz zur weiterführenden Diskussion, ansprechen. Meiner Meinung nach muss auch die Kulturschock-Analyse als historisch angesehen werden. Ich halte es für sinnvoll, die Idee aufzugeben, dass der Motor von Veränderung und Selbstreflexion allein die Elemente des Kulturschocks (also die Gefühle von Desorientierung und Hilflosigkeit) sein können. Meines Erachtens verlangt die derzeitige Vielfalt, Flüchtigkeit und Disparität der postmodernen Gesellschaft gerade auch nach den gegenteiligen Momenten, die ebenso progressive Veränderungsprozesse auszulösen vermögen: das Geborgensein, das Wohlfühlen, das Anerkanntsein, Anvertrautsein und das Eigene. Vielleicht lösen gerade diese Momente in unserer vielfältigen, multiplen, hochdifferenzierten, unfokussierten Welt eine Art postmodernen Schockzustand aus... Zumindest verändern sich die Hintergründe der genannten *Werte,* zum Beispiel des Eigenen und Fremden, (sie sind weniger dichotomisch, sondern eher als Kontinuum zu denken[73]) und sind darum auch nicht mehr notwendig entweder fortschrittlich oder reaktionär behaftet und einteilbar.

Streetart ist ein Beispiel einer Aktion, die nicht auf Schock-Momente aus ist. Kreative Streetart-Werke können durch ihre Unaggressivität, durch Konstruktivität und Kreativität, durch ihre Freundlichkeit, Vertrautheit und Nähe wirken, aber auch durch die Kommunikation eines unangenehmen Gefühls oder Codes, welches vom Betrachter geteilt wird. Die Differenz als zentrale Kulturkategorie (vgl. Greverus 1995) kann durch Einflüsse von Seiten der vertrauten Erlebnisse erweitert werden, die ebenfalls eine progressive Transformation des Eigenen bewirken können! Es kann sich nämlich durchaus durch Rezeption die Wahrnehmung der Welt und des Anderen um eine unscheinbare Einheit verschieben: Wenn sich Menschen mit den als angenehm empfundenen Eingriffen der Streetart in den Stadtraum vertraut fühlen oder sich mit deren Aussagen identifizieren, wagen sie fast unbemerkt einen Schritt der freundlichen, aber eindeutigen Kritik an neoliberaler Stadtverwertung.

Literaturverzeichnis

Adorno, Theodor Wiesengrund: Résumé über Kulturindustrie. In: edb.: Ohne Leitbild. Parva Aesthetica. Frankfurt 1968, 60-70

Adorno, Theodor Wiesengrund: Thesen zur Kunstsoziologie. In: edb.: Ohne Leitbild. Parva Aesthetica. Frankfurt 1968, 94-104

Andris, Silke: Painting One's Own Identity. In: Moser, Johannes (Hg.): Jugendkulturen. Recherchen in Frankfurt am Main und London. Frankfurt 2000, 59-95 (Kulturanthropologie Notizen 66)

Augé, Marc: Ein Ethnologe in der Metro. Frankfurt 1988

Augé, Marc: Orte und Nicht-Orte. Vorüberlegungen zu einer Ethnologie der Einsamkeit. Frankfurt 1994

Baacke, Dieter/ Ferchhoff, Wilfried: Von den Jugendsubkulturen zu den Jugendkulturen: Der Abschied vom traditionellen Jugendsubkulturkonzept. In: Forschungsjournal Neue Soziale Bewegungen: Subkultur und Subversion, Jg.8, Heft 2, Opladen Juni 1995, 33-46

Banksy: Wall and Piece. London 2005

Baudrillard, Jean: Kool Killer oder der Aufstand der Zeichen. In: edb., Berlin 1978, 19-38

Benjamin, Walter: Das Kunstwerk im Zeitalter seiner technischen Reproduzierbarkeit. In: edb.: Das Kunstwerk im Zeitalter seiner technischen Reproduzierbarkeit. Drei Studien zur Kultursoziologie. Frankfurt 1973, 7-63

Behrens, Roger: Die Diktatur der Angepassten. Texte zur kritischen Theorie der Popkultur. Bielefeld 2003

Bernard, Harvey Russell: Unstructured and Semistructured Interviewing. In: Ebd., Research Methods in Anthropology. Qualitative and quantitative Approches. Walnut Creek [u.a.] 1998, 208-236

Bieber, Christoph: Vom Protest zur Profession? Jugendkultur und grafisches Design. In: SpoKK (Hg.): Kursbuch JugendKultur. Stile, Szenen und Identitäten vor der Jahrtausendwende. Mannheim 1997, 263-272

Bock, Philip K.: Culture Shock. A Reader in Modern Cultural Anthropology. Washington 1970

Bourdieu, Pierre: Zur Genese der Begriffe Habitus und Feld. In: edb.: Der Tote packt den Lebenden. Schriften zu Politik und Kultur 2. Hamburg 1997, 59-78

Bourdieu, Pierre: Das Elend der Welt. Zeugnisse und Diagnosen alltäglichen Leidens an der Gesellschaft. Konstanz 1997 (a)

Bürger, Peter: Theorie der Avantgarde. Frankfurt 1974

Breyvogel, Wilfried: Die Stadt als Forum des Jugendprotestes. Zur verborgenen Beziehung von Stadterfahrung und Subjektivität. In: Deutscher Werkbund e.V. und Württembergischer Kunstverein Stuttgart (Hg.): Schock und Schöpfung. Jugendästhetik im 20. Jahrhundert. Darmstadt und Neuwied 1986, 92-98

Castleman, Craig: Getting Up - Subway Graffiti in New York. London und Cambridge 1982

Chalfant, Henry/ Prigoff, James: Spraycan Art. London 1987

Clifford, James: Über das Sammeln von Kunst und Kultur. In: Prussat, Margit/ Till, Wolfgang: Neger im Louvre. Texte zu Kunstethnographie und moderner Kunst, Amsterdam/Dresden 2001, 280-318

Cooper, Martha: Street Play. New York's Alphabet City In The 70s. Köln 2006

Cooper, Martha/ Chalfant, Henry: Subway Art. London 1984

Deppe, Jürgen: ODEM - On the run. Eine Jugend in der Graffiti-Szene. Berlin 1997

Eich, Günter: Sämtliche Gedichte, Zitate aus: Wacht auf, denn eure Träume sind schlecht!, Frankfurt 2006

Fischer-Lichte, Erika: Ästhetik des Performativen. Frankfurt 2004

Fiske, John: Politik. Die Linke und der Populismus. In: Bromley, Roger u.a. (Hg.): Cultural Studies. Grundlagentexte zur Einführung. Lüneburg 1999, 237-278

Foucault, Michel: Wie wird Macht ausgeübt? In: Engelmann, Jan (Hg.): Foucault. Botschaften der Macht. Reader Diskurs und Medien. Stuttgart 1999, 187-201

Fuchs-Heinritz, Werner/Lautmann, Rüdiger/Rammstedt, Otthein/Wienold, Hanns (Hg.): Lexikon zur Soziologie. Wiesbaden 2007

Franck, Georg: Mentaler Kapitalismus. Eine politische Ökonomie des Geistes. München und Wien 2005

Geertz, Clifford: Dichte Beschreibung. Beiträge zum Verstehen kultureller Systeme. Frankfurt 1991

Göttlich, Udo: Jugendszenen als Unterwelten der Kultur? Anmerkungen zu einem aktuellen Problem der Massen- und Kulturindustriekritik. In: Winter, Rainer/ v. Zima, Peter (Hg.): Kritische Theorie heute. Bielefeld 2007, 303-319

Greverus, Ina-Maria: Kultur und Alltagswelt. Eine Einführung in die Fragen der Kulturanthropologie. München 1987

Greverus, Ina-Maria: Kulturdilemma. Die nahe Fremde und die fremde Nähe. In: edb.: Die Anderen und Ich. Vom Sich Erkennen, Erkannt- und Anerkanntwerden. Darmstadt 1995, 251-187

Gurk, Christoph: Wem gehört die Popmusik? Die Kulturindustriethese unter den Bedingungen postmoderner Ökonomie. In: Holert, Tom/ Terkessidis, Mark (Hg.): Mainstream der Minderheiten. Pop in der Kontrollgesellschaft. Berlin 1997, 20-40

Ha, Kien Nghi: Hype um Hybridität. Kultureller Differenzkonsum und postmoderne Verwertungstechniken im Spätkapitalismus. Bielefeld 2005

Hartmann, Andreas: Über die Kulturanalyse des Diskurses - Eine Erkundung. In: Zeitschrift für Volkskunde 87, Hamburg 1991, 19-28

Hebdige, Dick: Subculture. The Meaning of Style. London 1979

Hebecker, Eike: Erläutertes Stichwort Graffiti-Writing. In: SpoKK (Hg.): Kursbuch JugendKultur. Stile, Szenen und Identitäten vor der Jahrtausendwende. Mannheim 1997, 264f

Hitzler, Ronald/ Bucher, Thomas/ Niederbacher, Arne: Leben in Szenen. Formen jugendlicher Vergemeinschaftung heute. Opladen 2001

Holert, Tom/ Terkessidis, Mark: Einführung in den Mainstream der Minderheiten. In: edb. (Hg.): Mainstream der Minderheiten. Pop in der Kontrollgesellschaft. Berlin 1997, 5-19

Höller, Christian: Widerstandsrituale und Pop-Plateaus. Birmingham School, Deleuze/ Guattari und Popkultur heute. In: Holert, Tom/ Terkessidis, Mark (Hg.): Mainstream der Minderheiten. Pop in der Kontrollgesellschaft. Berlin 1997, 55-71

Huyssen, Andreas: Postmoderne - eine amerikanische Internationale? In: Huyssen, Andreas/ Scherpe, Klaus R. (Hg.): Postmoderne. Zeichen eines kulturellen Wandels. Hamburg 1989, 13-44

Illing, Frank: Kitsch, Kommerz und Kult. Soziologie des schlechten Geschmacks. Konstanz 2006

Kaschuba, Wolfgang: Einführung in die Europäische Ethnologie. München 1999

Klein, Gabriele: electronic vibration. Pop - Kultur - Theorie. Hamburg 1999

Klitzke, Katrin: Street Art als urbane kulturelle Praxis. Magisterarbeit am Institut für Europäische Ethnologie an der Humboldt-Universität zu Berlin 2005

Knapp, Gudrun-Axeli: Traveling Theories: Anmerkungen zur neueren Diskussion über 'Race, Class, and Gender'. In: Österreichische Zeitschrift für Geschichtswissenschaften 16/1, Innsbruck 2005, 88-110

Kohl, Karl-Heinz: Entzauberter Blick. Das Bild vom guten Wilden und die Erfahrung der Zivilisation. Berlin 1981

Kohl, Karl-Heinz: Ethnologie - die Wissenschaft vom kulturell Fremden. Eine Einführung. München 2000

Kohl, Karl-Heinz: Die Macht der Dinge. Geschichte und Theorie sakraler Objekte. München 2003

Krause, Daniela/ Heinicke, Christian: Street Art. Die Stadt als Spielplatz. Berlin 2006

Lang, Barbara: Urbane Volkskunst? Graffiti zwischen Selbst- und Fremdinterpretation. In: Nikitsch, Herbert/Tschofen, Bernhard (Hg.): Volkskunst. Referate der österreichischen Volkskundetagung 1995 in Wien. Wien 1997, 437-447

Lang, Barbara: Mythos Kreuzberg. Ethnographie eines Stadtteils 1961-1995. Frankfurt 1998

Lindner, Rolf: Apropos Stil. Einige Anmerkungen zu einem Trend und seinen Folgen. In: Lindner, Rolf/Wiebe, Hans-Hermann (Hg.): Verborgen im Licht. Neues zur Jugendfrage. Frankfurt 1985, 206-218

Lindner, Rolf: Kulturtransfer. Zum Verständnis von Alltags-, Medien- und Wissenschaftskultur. In: Kaschuba, Wolfgang (Hg.): Kulturen - Identitäten - Diskurse. Perspektiven Europäischer Ethnologie. Berlin 1995, 31-44

Madlener, Nadja: we can do. Geschlechtsspezifische Raumaneignung von Mädchen und jungen Frauen in Berlin, Stuttgart 2004

Menrath, Stefanie: Represent what ... Performativität von Identitäten im HipHop. Hamburg 2001

Nedo, Kito: Galerie der Gegenwart. In: Art - Das Kunstmagazin vom Juni 2006, 50-57

Nedo, Kito: Künstler auf der Flucht. In: Art - Das Kunstmagazin vom April 2007, 22-31

Nomad Uno: No Immer... was war eigentlich Street Art? (Eine Expertenrunde) In: DE: BUG - Magazin für elektronische Lebensaspekte 73, 07/08 2003, 25

Paris, Rainer: Schwacher Dissens - Kultureller und politischer Protest. In: Roth, Roland/ Rucht, Dieter (Hg.): Jugendkulturen, Politik und Protest. Vom Widerstand zum Kommerz? Opladen 2000, 49-62

Quack, Anton: Hexer, Heiler und Schamanen. Die Religion der Stammeskulturen. Darmstadt 2004

Recki, Birgit: Aura und Autonomie. Zur Subjektivität der Kunst bei Walter Benjamin und Theodor W. Adorno. Würzburg 1988

Reinecke, Julia: Street-Art. Eine Subkultur zwischen Kunst und Kommerz. Bielefeld 2007

Resch, Christine/Steinert, Heinz: Die Widerständigkeit der Kunst. Entwurf einer Interaktionsästhetik. Münster 2003

Rilke, Rainer Maria: Briefe an einen jungen Dichter/Briefe an eine junge Frau. Zürich 2006

Rose, Tricia: Ein Stil, mit dem keiner klar kommt. HipHop in der postindustriellen Großstadt. In: SpoKK (Hg.): Kursbuch JugendKultur. Stile, Szenen und Identitäten vor der Jahrtausendwende. Mannheim 1997, 142-156

Roth, Daniela: Kleben in Szenen. Aufkleber haften für optische Bekenntnisse. In: Lucke, Doris (Hg.): Jugend in Szenen. Lebenszeichen aus flüchtigen Welten. Münster 2006, 245-268

Saussure, Ferdinand de: Grundfragen der allgemeinen Sprachwissenschaft, Berlin 1967

Schirrmacher, Frank: Wer ist Banksy? In: Frankfurter Allgemeine Zeitung vom 4. Februar 2007

Schomburg-Scherff, Sylvia M.: Victor Witter Turner. The Ritual Process. In: Kohl, Karl-Heinz/Feest, Christian F. (Hg.): Hauptwerke der Ethnologie. Stuttgart 2001, 485-492

Schnurr, Oliver: Graffiti als Sachbeschädigung. Strafbarkeit, Strafwürdigkeit und Strafbedürftigkeit eines gesellschaftlichen Phänomens. Norderstedt 2006

Schweppenhäuser, Gerhard: Kunst, Alltagskultur und ready-made bei Marcuse. In: Winter, Rainer/Zima, Peter v. (Hg.): Kritische Theorie heute. Bielefeld 2007, 195-175

Stahnke-Jungheim, Dorothea: Graffiti in Potsdam - aus der Sicht von Sprayern und jugendlichen Rezipienten im Land Brandenburg. Frankfurt am Main 2000

Schilling, Heinz: Das Dorf im Fernsehen. Und andere verstreute Texte. Privatdruck 1998

Schmalenbach, Werner: Kunst oder Nichtkunst - das ist hier die Frage. In: Baessler-Archiv 37 (1989), 329-334

Schmidt, Christian: street art. Symbolische Angriffe auf die Funktionalität der Stadt. In: Amann, Marc (Hg.): go.stop.act! Die Kunst des kreativen Straßenprotests. Geschichten/Aktionen/Ideen. Frankfurt 2005, 141-156

Skrotzki, Aurelio: Graffiti. Öffentliche Kommunikation und Jugendprotest. Stuttgart 1999

Stahl, Johannes (Hg.): An der Wand - Graffiti zwischen Anarchie und Galerie. Köln 1989

Strauss, Anselm/ Glaser, Barney: Grundlagen qualitativer Sozialforschung: Datenanalyse und Theoriebildung in der empirischen und soziologischen Forschung, München 1998

Suter, Beat: Graffiti. Rebellion der Zeichen. Frankfurt 1994

Szewczyk, Tadeusz: You are beautiful. (Interview) In: DE: BUG - Magazin für elektronische Lebensaspekte 91, www.de-bug.de/texte/3724.html, Zugriff: 19. November 2007

Thomas, Gina: Eine Zeiterscheinung, geboren als Robert Banks. Banksy und seine Freunde von der „Urban Art“: Eine Auktion bei Bonhams in London hat ihr eigenes spezielles Publikum. In: Frankfurter Allgemeine Zeitung vom 9. Februar 2008

Treeck, Bernhard van: Street-Art Berlin - Kunst im öffentlichen Raum. Berlin 1999

Treeck, Bernhard van: Styles - Typografie als Mittel der Identitätsbildung. In: Androutsopoulos, Jannis (Hg.): HipHop. Globale Kultur - lokale Praktiken. Bielefeld 2003, 102-110

Völker, Clara: Streetart - Sag jetzt bloß nicht Graffiti! In: DE:BUG - Magazin für elektronische Lebensaspekte 100, www.de-bug.de/texte/4239.html, 26. November 2007

Weinfeld, Jean: HipHop: Licht und Schatten einer Jugendkulturbewegung. In: Roth, Roland/ Rucht, Dieter (Hg.): Jugendkulturen, Politik und Protest. Vom Widerstand zum Kommerz? Opladen 2000, 253-261

Welsch, Wolfgang: Postmoderne oder Ästhetisches Denken - gegen seine Mißverständnisse verteidigt. In: Eifler, Günther/Saame, Otto (Hg.): Postmoderne. Anbruch einer neuen Epoche? Eine interdisziplinäre Erörterung. Wien 1990, 237-269

Welz, Gisela: Die wilden Bilder von New York City. In: Greverus, Ina-Maria u.a. (Hg.): Naif. Alltagsästhetik oder ästhetisierter Alltag (Kulturanthropologie Notizen 19). Frankfurt 1984, 191-208

Welz, Gisela: Street life. Alltag in einem New Yorker Slum (Kulturanthropologie Notizen 36). Frankfurt 1991

Willms, Claudia: Menschen sind die Stadt. In: Schilling, Heinz/ Klös, Peter: Stadt ohne Eigenschaften. Frankfurt, Einsichten von außen (Kulturanthropologie Notizen 75). Frankfurt 2005

Wulf, Christoph: Zur Genese des Sozialen. Mimesis, Performativität, Ritual. Bielefeld 2005

Webseiten und Links zu den im Text behandelten Streetartisten:

- **André:** www.monsieura.com
- **Thomas Baumgärtel:** www.bananensprayer.de
- **Banksy:** www.banksy.co.uk
- **BLEK le Rat:** www.bleklerat.tk
- **ct-ink:** www.evoltaste.com
- **Daim:** www.daimgallery.com
- **NoLogo:** www.pixelpopulation.org
- **Nomad:** www.rebelart.net/r0008.html
- **Shepard Fairey:** www.obeygiant.com
- **space invader:** www.space-invaders.com
- **the city loves you:** www.myspace.com/citylovesyou
- **Thekla:** www.gehwurst.de
- **You are beautiful:** www.you-are-beautiful.com
- **Backjumps:** www.backjumps.org
- **beyond streetart:** www.beyond-streetart.de
- **ekosystem:** www.ekosystem.org
- **Fusion-Festival:** www.fusion-festival.de
- **Les Shadoks:** www.lesshadoks.com
- **Rik Reinking:** www.reinkingprojekte.com
- **Still on and non the wiser:** www.stillonandnonthewiser.de
- **Streetsy (daily streetart)**: www.streetsy.com
- **Überdose & Reclaimyourcity - Ausstellung**:
  www.überdose.de & www.reclaimyourcity.net & www.tekstilprojekt.net
- **Woostercollectiv**e: www.woostercollective.com

Bildnachweis:

- *Seite 6a:* www.monsieura.com/wall.html, Zugriff: 2. Dezember 2007
- *Seite 6b:* circleculturegal-lery.com/exhibitions/andr_loves_berlin/installation_photos/slideshow/?slideId=45, Zugriff: 2. Dezember 2007
- *Seite 6c:* www.lexpress.fr/info/societe/dossier/urbain/dossier.asp?Ida=430122, Zugriff: 2. Dezember 2007

Anmerkungen

1 Im Laufe dieser Arbeit werde ich stilistisch relativ frei sowohl die weibliche als auch die männliche Form benutzen. Wenn ich eher von einem Typus spreche, wie Rezipienten, Konsumenten etc., so greife ich rein pragmatisch auf die ausschließlich männliche Form zurück. Wenn ich von konkreten Menschen spreche, die ich vor meinem geistigen Auge sehe - und dies fängt bei WissenschaftlerInnen, KünstlerInnen und LeserInnen an - werde ich je nachdem die weibliche oder die männliche Form benutzen. Im Graffiti- und Streetart-Umfeld habe ich im Übrigen hauptsächlich männliche Akteure angetroffen; mit dem von mir verwendeten englischen Begriff Streetartists sollen jedoch an sich beide Geschlechter gemeint sein. Ich denke, dass ich durch diese formale Inkonsequenz eine Möglichkeit gefunden habe, dass vom Leser/der Leserin möglichst an jene realen und geschlechtlichen Menschen gedacht wird, die ich auch meine.

2 Szene ist aktuell ein populärer Begriff in den Sozialwissenschaften. Trotzdem habe ich mich im Laufe meiner Arbeit gegen die Verwendung des Begriffs entschieden. Ich versuche stattdessen, eine Ausdifferenzierung der Denkfigur Subkultur voranzutreiben. Die Bezeichnung einer gesellschaftlichen Gruppe als Szene versucht auf „eine Politik der Lebensstile im Rahmen eines allgegenwärtigen Distinktionskampfes" (Göttlich 2007, 311) einzugehen und auf „kommunikative Netzwerke" (Göttlich 2007, 312) über Klassengrenzen hinweg hinzuweisen. Dies kann jedoch, wie Udo Göttlich ebenfalls anmerkte, die Vernachlässigung oder die Ausblendung sozialstruktureller Ungleichheitsmomente bedingen (vgl. Göttlich 2007). Obwohl es in meiner Forschung ebenfalls um „[t]hematisch fokussierte kulturelle Netzwerke von Personen [geht], die bestimmte materiale und/oder mentale Formen der kollektiven Selbststilisierung teilen und Gemeinsamkeiten an typischen Orten und zu typischen Zeiten interaktiv stabilisieren und weiterentwickeln" (Hitzler/Bucher/Niederbacher 2001, 20), scheint mir die Szene-Definition in Abgrenzung zur alten Subkultur nicht ganz gelungen, da die genannten Aspekte m.E. bereits innerhalb des Subkulturen-Begriffs der 1970er Jahre angelegt sind, wenn auch nicht im Detail ausformuliert. Natürlich sind heutige teilkulturelle Gruppen interaktiver ausgerichtet, doch ist dies nicht unbedingt als eine strukturelle Veränderung zu betrachten (auch frühere Subkulturen bauten mit ihren DIY-Magazinen, Selbstverlagen und -labels auf derselben Grundidee auf). Ich empfinde es zudem als sinnvoll, an einem allgemein bekannten Begriff festzuhalten und diesen gegebenenfalls konzeptuell zu erweitern, also z.B. auf jeden Fall von Subkultur*en* als Mehrzahl zu sprechen. Szene ist ein eher selbstrefe-

renziell benutzter Abgrenzungsbegriff und bleibt in meiner Forschung als Selbstbezeichnung den subalternen Subjekten überlassen.

3 „Alljährlich entsteht Ende Juni in Mecklenburg, auf einem ehemaligen russischen Militärflugplatz, das größte Ferienlager der Republik. Vier Tage Ferienkommunismus ist das Motto der Fusion. Der Name ist Programm, und so erstreckt es sich von Musik unterschiedlichster Spielarten über Theater, Performance und Kino bis hin zu Installation, Interaktion und Kommunikation" (www.fusion-festival.de, Zugriff: 15. Dezember 2007).

4 „Ein Siebdruck, auf dem altmodisch-burschikose Frauen mit Handgranaten Bowling spielen, schnellte, geschätzt auf 2000, auf 11000 Pfund hoch, während der Hammer für die auf 30000 Pfund taxierte Kate Moss - mit Schmollmund in der Aufmachung von Warhols Marilyn Monroe - erst bei 80000 Pfund fiel. (...) Am teuersten wurden - mit 190 000 Pfund - Banksys aufgereihte Affenschablonen mit dem Schild 'Laugh now, but one day we'll be in charge'" (Thomas 2008) beim Auktionshaus Bonhams versteigert.

5 Information aus einem arte-Beitrag: *Das Geschäft mit dem Trend,* Frankreich, 2007, 52mm, Regie: Stéphane Werner. Ausstrahlungsdatum: Freitag, 14. Dezember 2007 um 23.10 Uhr.

6 Mein Fokus umfasst nur den deutschsprachigen Raum. Ich bin im Laufe der Forschung jedoch auf große Kunstausstellungen in ganz Europa, der USA und Japan gestoßen. Durch die internationale Zusammenarbeit und Vernetzung der Streetartisten kann nicht von einer strikten nationalen Trennung ausgegangen werden. Trotzdem weiß ich über das Kunstfeld der Länder Brasilien, Russland oder Kenia nicht ausreichend Bescheid und es ist eindeutig, dass sich unterschiedliche kulturelle Spezifika herausgebildet haben, die unter anderem aus den verschiedenen Geschichten der Urbanität resultieren. Darum merke ich diese Eingrenzung an: Ich kann von einem konkreten und lokalen, wenn überhaupt von einer westlichen, nicht aber von einem globalen oder allgemeinem Kunstfeld sprechen.

7 Das heißt auch, dass ich in jedem Falle, wenn ich von Postmoderne spreche, sie nicht als eine vollständige Ablösung oder Abkehr der Moderne begreife, sondern lediglich als ein weiteres Stadium der Moderne, in welcher jene modernen Fragen, Aspekte und Ausdrucksweisen ständig wiederaufgenommen, rekombiniert und aktualisiert werden. Man kann sich also darüber streiten, ob es aus diesem Blickwinkel überhaupt Sinn macht, von einer Post-Moderne zu sprechen und es nicht reichen würde, von Moderne und spätkapitalistischer Entwicklung zu sprechen. Ich möchte aber auf signifikante Veränderungen hinweisen, die letztlich ein post-

modernes Subjekt vom modernen Subjekt eben doch durch Veränderungen in Wahrnehmungs- und Handlungsweisen maßgeblich unterscheidet.

8 Hybridität meint Rekombinierung von kulturellen Differenzen bei gleichzeitiger Konsumtion des Differenz-Konstrukts (vgl. Ha 2005).

9 Kulturindustrie ist das durch die Vordenker der kritischen Theorie, vor allem Adorno und Horkheimer, in den späten 1940er und 50er Jahren geprägte Modell, welches den Zustand der kapitalistischen und globalisierten Welt beschreiben soll, in der jegliche kulturelle Tätigkeit dialektisch mit der ökonomischen Welt verwoben ist. Es kann auch heute noch viel darüber gestritten werden, inwieweit das Konzept Kulturindustrie auf die heutige Ästhetik anwendbar ist (vgl. Resch/ Steinert 2003).

10 Für die Auseinandersetzung mit sub- und popkulturellen Bewegungen unter den Bedingungen der Postmoderne bleibt der Sammelband *Mainstream der Minderheiten* auch mehr als zehn Jahre nach seiner Erscheinung das wichtigste Nachschlagewerk. Die Beiträge beschäftigen sich ausgehend von alltagsweltlichen Phänomenen unter Einbezug bedeutsamer Theorien (zum Beispiel mit Hilfe von Adorno, Foucault, Guattari) mit der Komplexität der Popkultur. Mich beeindruckt an diesem Buch besonders die distanzierte, kritische und wissenschaftliche Analyse der unhinterfragten Alltagskulturen in der Verwertungs- oder Kontrollgesellschaft.

11 Der Graffiti-Künstler Daim auf der Biennale im Jahr 2007: www.flickr.com /photos/kiwa-one/1452770720, Zugriff: 22. Januar 2008

12 Hegemonie bezeichnet eine Form der Herrschaft, die eher konsensuell statt durch staatliche Gewaltmittel aufrecht erhalten wird.

13 Und man muss sich fragen, ob es überhaupt möglich ist, innerhalb einer kapitalistischen Gesellschaft Dinge oder Performances zu produzieren/darzustellen, die der Tauschwert-Logik entzogen sein können, da sie selbst dann sozial wirksam bleibt, wenn Dinge nicht in den Warenwert-Kreislauf gelangen.

14 *Backjumps – The Live Issue. Urbane Kommunikation und Ästhetik* fand bislang dreimal (in den Jahren 2003, 2005 und 2007) im Kunstraum Kreuzberg im alten Bethanien-Krankenhaus in Berlin-Kreuzberg statt. Die Ausstellung unter der Leitung von Adrian Nabi, dem Kurator, und Stéphane Bauer, dem Leiter des Kunstraums, gilt als die bekannteste und größte Streetart-Veranstaltung im deutschsprachigen Raum. Unter den Künstlern befanden sich bereits Banksy, Swoon, Blu, Rammellzee, JR, Os Gêmeos und viele mehr der derzeitig interessantesten KünstlerInnen

der Szene. Das Konzept funktioniert m.E. deshalb so gut, weil Adrian Nabi ein langjähriger und bekannter Vertreter aus der Szene ist, der schon früh angefangen hat, in Form einer Zeitschrift die Graffiti-Art zu dokumentieren (Zeitschrift: backjumps seit 1994). Er ist wie die Künstler selbst geprägt durch eine hohe Authentizität und Nachhaltigkeit.

15 Der Begriff der Subversion meint in meinem Text sowohl kleinere als auch größere, alltagsweltliche und auch symbolische Infragestellungen des Selbstverständlichen durch Handlungs- und Denkweisen. Subversion kann in der Bedeutung von Widerständigkeit verwendet werden, welche nicht unbedingt reflektiert oder bewusst betrieben wird. Ich sehe den Begriff zunächst als eine Form der *Andersheit* (andere Wahrnehmung, andere Lebensweisen, andere Bedeutungen), die eventuell gar nicht renitent gemeint sein muss, sondern zunächst subalternen Eigensinn alternativ zum Ausdruck bringt.

16 Moonwomon, Birch: The Writing on the Wall: A Border Case of Race and Gender, in: Hall, Kira/ Bucholtz, Mary: Gender Articulated. Language and the Socially Constructed Self, Routledge 1995. Der Text betrachtet diskursanalytisch eine mit den Ungleichheitsprinzipien race und gender durchzogene Diskussion, die an den Wänden einer Frauentoilette in einer amerikanischen Highschool im Anschluß an eine Vergewaltigung ausgetragen wurde. Der Text gibt Einblick in die möglichen und diversen Ebenen der Untersuchung von Graffiti in Verbindung mit den genannten Strukturmerkmalen.

17 Der Begriff ist kursiv gesetzt, da Kultur der zentrale und permanente Auseinandersetzungspunkt der kulturanthropologischen Forschung und Diskussion bleibt und nur prozessual definiert werden kann: denn Kultur wird in der Alltagspraxis, nicht in der Hochkultur, verortet. Der Begriff soll möglichst von einer veralteten Vorstellung (einem vor allem nationalen, ethnischen, religiösen Kulturverständnis) Abstand nehmen (vgl. Greverus 1987).

18 Dass Greverus nicht von Subkulturen spricht, sondern den Singular Subkultur verwendet, könnte darauf hindeuten, dass es sich in diesem Text mehr um die Anrufung einer kulturell-symbolischen Praxis in rhetorischer Form handelt. Wo ist die Subkultur geblieben, die nicht wie die bekannten, benennbaren Subkulturen vereinnehmbar und konsumierbar ist? Im Text geht es meines Erachtens weniger um die Suche nach einer solchen konkreten Subkultur im Feld, sondern eher um die Auseinandersetzung mit der neuen Rolle von Subkultur im Spätkapitalismus, um das Verhältnis von Mainstream und Subkultur und die Diskussion von fremder Nähe und naher Fremde, von Veränderung und Einflußnahme, von Macht und Vereinnahmung.

19 Hier versuche ich, dem Gedankengang von Greverus zu folgen, die darauf hinweist, dass aus fremden Kulturen Elemente herausgelöst werden, gerade um gesellschaftliche Ruhe und Harmonie herzustellen und sich gegen Formen des kollektiven Widerstands abzusichern.

20 Ein Denken in Herrschende und Beherrschte wird in seinen Texten interessanterweise trotz allem oder gerade durch seine starke Kritik an diesem Verhältnis reformuliert, was ich im 7. Kapitel ausführlich darstelle.

21 Anton Quack diskutiert mit diesen Sätzen die Verwendung des Begriffs der Stammesgesellschaften in der Ethnologie. Ich denke, dass seine Argumentation auf Begriffsdiskussionen in der Soziologie und Kulturwissenschaft problemlos übertragbar ist.

22 Es gibt eine internationale Gleichzeitigkeit des Phänomens Streetart. Durch globalisierte Medien kann Streetart in jeden Bereich der Welt vordringen. Auch wenn es innerhalb des Phänomens Unterschiede gibt (Themen, Form, Materialien, lokale Traditionen, Quantität etc.), so ist Streetart doch in allen Großstädten der ganzen Welt vorzufinden. Tel Aviv, São Paulo, Prag, Bukarest, Tokio, Singapur, usw. Interessant wäre sicherlich ein betrachtender Vergleich der verschiedenen Werk- und Zeichensprachen und der lokalen Spezifikationen.

23 Wenn subkulturelle Bewegungen ohne Geschichte erscheinen, isoliert bleiben und immer wieder von einem Nullpunkt ausgehend neue, obgleich ähnliche, Erfahrungen sammeln müssen, so kann dieser Umstand sicherlich zur Schwächung der damit verbundenen sozialen Bewegungen und Kämpfe beitragen. Es geht mir nicht darum, eine Tradition der Subkulturen zu erfinden, sondern mit einem Begriff (weiter) zu arbeiten, der gesellschaftlich verankert ist und über den man diskutieren kann. Allemal scheint mir dies sinnvoller, als ständig neue Begriffe zu kreieren, über die erstmal nur die wissenschaftlichen Experten sprechen und verhandeln dürfen.

24 Arbiträr bedeutet 'willkürlich zugeordnet' und ist ein zentraler Begriff aus der Sprachwissenschaft von Ferdinand de Saussures, wobei er die Willkürlichkeit der Zuordnung von Lautbild und Vorstellung beschreibt (vgl. Saussure 1967).

25 Diesen Umstand kann man gerade in der Entwicklung der Kunstethnologie gut nachvollziehen. Interessant ist der Text *Über das Sammeln von Kunst und Kultur* von James Clifford, der sich die Frage stellt, was mit der materiellen Kultur fremder Völker passiert, wenn sie in westlichen Museen, Austauschbeziehungen und diskursiven Traditionen rekontextualisiert werden. Er entwickelt ein Klassifikations-

system, welches den relativen und kontextgebundenen Wert von Objekten herausstellt (vgl. Clifford 2001).

26 Walter Benjamins Begriff der Aura kann meiner Meinung nach nicht das elitäre Denken der gebildeten Mittelschicht gegenüber der beeinflussbaren Masse stärken, sondern verweist auf den Prozess der Veränderung des Moments zwischen Werk und Betrachter. Dass nämlich durch den Konsum von massenhaft reproduzierten Waren und der Betrachtung dieser Waren aus der Masse heraus die Momente der „Sammlung und Stellungnahme" (Benjamin 1973, 43) schwinden. Gerade die Streetart findet Wege, um im Stadtraum und damit mitten im Alltagsleben der Menschen wieder diese einmaligen auratischen Momente zwischen Betrachter und Werk herzustellen.

27 Es gibt Ausstellungen, die bewußt Straßenelemente in den white cube des Ausstellungsraums einbeziehen. Dort findet sich dann ein Stromkasten, wie ich es auf der Ausstellung des Frankfurter Streetartisten The city loves you sehen konnte oder ein Kaugummiautomat und Straßen-Schilder, wie bei der Reclaim the city & Überdose-Ausstellung in Berlin.

28 Unzählige, aktuelle Arbeiten sind zu bestaunen auf der fast täglich aktualisierten Internetseite Woostercollective: „The Wooster Collective was founded in 2001. This site is dedicated to showcasing and celebrating ephemeral art placed on streets in cities around the world" (www.woostercollective.com, Zugriff: 14. Januar 2008).

29 Auf der von mir täglich besuchten Woostercollective-Seite im Internet sind mir im Durchschnitt tendenziell mehr Werke von Frauen aufgefallen. Es kann sich dementsprechend um ein Problem des Ausstellungskontextes handeln, während die Tätigkeit auf der Straße zwischen den Geschlechtern weniger ungleich aufgestellt ist, oder das Internet in Bezug auf das Geschlechterverhältnis tatsächlich demokratisierend wirkt. Es heißt zumindest, dass in der Streetart mehr Frauen zu finden seien als im Graffiti. Doch auch Graffiti wird wie HipHop im Allgemeinen derzeit mehr denn je von Frauen besetzt (vgl. Madlener 2004). Vor allem der oft behauptete kleinere Aktionsradius von Mädchen kann nicht mehr bestätigt werden (ebd., 129).

30 Nicht ohne Grund ist dies auch der Titel der ersten ethnografischen Untersuchung der New Yorker Graffiti-Szene, überzeugend erarbeitet von Craig Castleman in dem Buch *Getting Up* aus den frühen 1980er Jahren: „New York City teenagers have been 'getting up' – marking and painting their names on subway trains – since the late 1960s." (Castleman 1982, x)

[31] Jedoch kann man nicht davon sprechen, dass Jugendliche nur aufgrund der Illegalität oder dem Reiz des Verbotenen zum Graffiti-Sprayer werden: „Die Hypothese, daß der Reiz der Graffiti für die Sprayer in der Illegalität liegt, kann nicht völlig bestätigt werden." (Skrotzki 1999, 111)

[32] Besonderes Aufsehen erregte in letzter Zeit folgendes Urteil gegen einen Flusssäure-Graffiti-Aktivisten: „Ein 24-jähriger Mittäter war im August 2007 in Berlin zu einer Freiheitsstrafe von zwei Jahren ohne Bewährung verurteilt worden." (www.tagesspiegel.de/berlin/Polizei-Justiz-Flusssaeure;art126,2446199, Zugriff: 4. Februar 2008). Mit der juristischen Lage zum Thema Graffiti und Eigentum beschäftigen sich Rechts- und Staatsanwälte (vgl. Schnurr 2006).

[33] Auf der einen Seite stehen Auftrags-Agenturen für Graffiti wie z.B. das Offenbacher Unternehmen Artmos4 (www.artmos4.de, Zugriff: 12. Dezember 2007), und auf der anderen Seite steht im künstlerischen Bereich als herausragendes Beispiel der Graffiti-Artist Daim, der seine Arbeiten als Drucke zum Verkauf anbietet (www.daimgallery.com, Zugriff: 12. Dezember 2008).

[34] Diese männliche Raumaneignung und auch Männerbund-Strukturen lassen sich anhand des autobiografischen Romans *ODEM - On the run. Eine Jugend in der Graffiti-Szene* eines Writers im Berlin der 1980er Jahre gut nachvollziehen (vgl. Deppe 1997).

[35] Dieser stark wertende Ausdruck soll nicht über die selbstverständlich ebenfalls praktizierten gegenteiligen Kunst-Aktionen hinwegtäuschen. Besonders der Streetartist Grim aus Hamburg stellt ein solches dar, indem er Leute anekeln und nerven möchte (Reinecke 2007, 83). Letztendlich steht aber auch bei Grim die Kommunikation und Rezeption seiner Werke im Vordergrund.

[36] *Ökonomie der Aufmerksamkeit* ist gleichzeitig der Titel des Vorgänger-Buches von Georg Franck aus dem Jahre 1998. "Georg Franck hat eine neue Ökonomie entdeckt, die mit der Ökonomie des Geldes konkurriert: die Ökonomie der Aufmerksamkeit, die nach den gleichen Gesetzen funktioniert. Aufmerksamkeit, die uns entgegengebracht wird, läßt sich verzinsen, und wer die höchste Stufe der Aufmerksamkeit erreicht hat, kann seine Kinder beerben. Aber diese Ökonomie zieht, wie jede andere, soziale Konsequenzen nach sich. Also beschließt Franck seinen Entwurf mit dem Grundriß der Ethik der Aufmerksamkeit." (Klappentext Franck 1998)

37 „Auch und gerade der kommerzielle Kapitalismus boomt an den Schnittstellen zwischen der Ökonomie des Geldes und der Ökonomie der Aufmerksamkeit. Von keiner Wachstumsschwäche sind der mediale Sport, die Unterhaltungsindustrie, die Boulevard- und Regenbogenpresse befallen. Unabhängig von Konjunkturen wachsen Werbung, PR und Produktdesign. Mediendesign, visuelle Kommunikation und Branding sind die Berufsfelder, die nach wie vor expandieren. Mode, Kosmetik, Fitness und plastische Chirugie wachsen zuverlässig weiter trotz des seit langem schon hohen Niveaus der Nachfrage. Kurz, der Wunsch zu sehen und gesehen zu werden, sorgt für Wachstum nicht nur in der Ökonomie der Aufmerksamkeit, sondern auch in der Ökonomie des Geldes. Die Wachstumspole liegen entlang der Schnittstellen, durch die die Ökonomien wechselwirken." (Franck 2005, 150)

38 Die New Yorker Fotografin Martha Cooper sollte nicht unerwähnt bleiben, sie hat die Graffiti-Szene und deren Subway Art von Anbeginn an begleitet und dokumentiert. In ihrem gerade neu erschienenen Buch *Street Play* kann man anhand der Fotos von Kindern und deren öffentlichem Straßen-Spiel den paradigmatischen Wandel der Öffentlichkeit in der Stadt innerhalb der letzten 40 Jahre nachvollziehen (vgl. Cooper 2006).

39 In der Kulturanthropologie werden die Bedürfnisse der Menschen schon lange diskutiert. Ausgehend von biologistischen und naturalisierenden Vorstellungen kam die Europäische Ethnologie der 1970er Jahre jedoch zu konstruktivistisch-zukunftsweisenden Schlußfolgerungen. „Bedürfnisbefriedigung ist historisch und somit kulturspezifisch. Und nicht nur dies, auch die Bedürfnisse selbst sind historisch", so schreibt Ina-Maria Greverus im Jahre 1987. Außerdem stellt sie fest, dass der Mensch seine Kultur einerseits durch Versuch und Irrtum, andererseits durch gesellschaftliche Vermittlung erhält. Greverus fragt sich, und dies ist der kritische Faktor ihres Denkens, ob es möglich ist, die kulturschöpferische Disposition des Menschen „zur Kompetenz mit Handlungsrelevanz zu entwickeln" oder ob diese Möglichkeit in der kapitalistischen Gesellschaft total beschnitten würde (Greverus 1987, 90).

40 City walls sind eine vor allem in den 1960er Jahren in den Vereinten Staaten von Amerika sehr beliebte Form der großflächigen Bemalung von ganzen Häusern oder großen Flächen in der Stadt. In den zu der Zeit weit verbreiteten Stadtteil-Projekten wurden meist die Bewohner des Hauses oder des Viertels bei der Planung und Umsetzung der Wandmalerei mit einbezogen.

41 Der Begriff Gentrifizierung beschreibt die soziale und bauliche Aufwertung eines innerstädtischen Quartiers durch sozialen Aufstieg von Teilen der Bewohnerschaft oder Erhöhung des Mietniveaus. Lies dazu: Holm, Andrej: Die Restrukturierung des Raumes. Stadterneuerung der 90er Jahre in Ostberlin - Interessen und Machtverhältnisse. Bielefeld 2006

42 „Broken Windows-Theory (engl.), von J. Q. Wilson u. G. L. Kelling entwickelte Analyse von Prozessen, die zum Niedergang von Wohnquartieren führen. Der Name bezieht sich auf den heruntergekommenen Zustand von Hausfassaden (zerbrochene Fenster). Gemäß des B.W.-Ansatzes führen Symbole sozialer und physischer Unordnung zur Verringerung von Normakzeptanz und zur Meidung öffentlicher Räume, wodurch sich informelle soziale Kontrolle abschwäche und 'schwere' Formen von Kriminalität Einzug hielten. Da der B.W.-Ansatz keine Erklärung enthält, warum Symbole der Unordnung auftreten, kann nicht von einer eigenständigen Theorie gesprochen werden." (Lexikon zur Soziologie 2007, 106)

43 Dass hinter einem Stencil und seiner Plazierung in der Stadt eine gezielte Überlegung stecken kann, davon berichtet Blek le Rat, der erste und bekannteste Pariser Streetartist, bereits 1988 in einem Interview: „Die Inderin mit dem Kind - da würde ich sagen, daß ich dieses Bild in den Vierteln anbringe, wo viele Pakistani und Inder wohnen. Vielleicht kann man damit ein wenig die Haltung gegenüber Immigranten in Frankreich verbessern." (Stahl 1989, 167)

44 Der US-amerikanische Streetartist Shepard Fairey berichtet hinsichtlich dieses Aspekts in einem Interview folgendes: „I´m for illegal graffiti ... But I´m glad, that it gets cleaned. I dont like it, when my stuff gets cleaned in a day, but if you didnt get cleaned, it would be total chaos. Part of being a successful graffiti arstist or streetartist is, that you have the motivation, to perpetually go out and find new spots, and try to find places, that are not in use, that won't get cleaned quickly, and no matter how much your stuff is cleaned you always finding new places, so constantly you have something running somewhere. and anybody can go out and wrap the city for a weekend, but when its whether they actually follow through and keep it going a long enough for what they doing the actually, you know, thinking, to have people start to make the connection from one piece to the next to the next. Thats just part of it. You get used to the idea, that in order to reach the largest audience possible, you know, you're sacrificing the work, it's, you know, it's temporary, you know, and that that ..." (www.woostercollective.com, Eintrag vom 22. Nov. 2007: Zugriff 23.11.07)

45 Eine Hausbesitzerin ärgert sich über die Farbe an ihrer frisch gestrichenen Wand. Der eine lässt das Bild eines bekannten Streetartisten übermalen und der nächste klaut den frisch angeleimten Scherenschnitt von Swoon für seine Wohnung. Manche jungen Leute freuen sich über die Zeichen, die sie mit Jugendkultur, Rebellion oder ästhetischer Qualität verbinden, andere fragen sich: was soll das überhaupt bedeuten?

46 Zum Beispiel kann gerade der Graffiti-Artist eventuell in dem Moment zum Saubermann werden, wenn er Graffiti mit rein ökonomischen oder auch rechtsextremen Inhalten und Hintergründen über den Weg läuft. Die Frage des zunächst Beachten und desweiteren Eingreifen in diese Art öffentlichen Austauschs hängt sehr stark mit den eigenen Hintergründen und Erfahrungen zusammen und ist eben nicht klar zu unterteilen in diejenigen, die aktiv sind und jene, die dies niemals tun würden.

47 Darum wäre eine nähere Betrachtung zur Rezeption der Streetart-Werke von Interesse (also eine Analyse der 'Aktiven Konsumenten'); eine Fragestellung, die in meiner Arbeit jedoch nur am Rande Beachtung finden konnte.

48 Viele interessante Interviews mit Streetartisten können bei www.ekosystem.org nachgelesen werden.

49 Das Museum als ein System der Dinge erschafft ein System der Werte (vgl. Kaschuba 1999, 229ff oder auch im Speziellen das Kapitel *V.I. Museen: Kultstätten der Neuzeit* in Kohl 2003). Eine Galerie steht dagegen gewöhnlich für Innovation und Vermarktung von Kunst (Ausnahmen sind Produzentengalerien und unkommerzielle Galerien).

50 „Konsekration ist ein wesentlicher Bestandteil der, nach Bourdieu bestehenden, Regeln des Kunstfeldes. (...) so bezeichnet Pierre Bourdieu mit Konsekration die Aufwertung von Kunstwerken und Künstlern durch die Einverleibung symbolischen Kapitals der Gatekeeper. Gatekeeper sind die Akteure und Gruppen mit viel Kapital, um die sich Kraft- und Machtzentren bilden. Diese geben ihnen die Möglichkeit , durch Konsekration über die Feldlegitimation zu entscheiden" (Reinecke 2007, 131f).

51 Ich vermute übrigens, dass leider gerade diese Rückbindung in der Praxis nur selten funktioniert. „Unter den Rezeptionsbedingungen des Museums, und das heißt zunächst bloß unter den Bedingungen gelassen gesteigerter Aufmerksamkeit, die in der modernen Lebenswelt sonst kaum aufzubringen ist, erscheint ein Flaschentrockner ohne weitere Veränderungen, lediglich einer anderen Einstellung des Betrachters ausgesetzt, in seiner ästhetischen Qualität" (Recki 1988, 28f).

Auch Reflexion gehört in den Kunstkontext und wird in diesem Bereich verortet. Dies macht für den Ausstellungsbesucher in seiner gelassen gesteigerten Aufmerksamkeit die Qualität und den Unterschied zur Aktion auf der Straße aus. Die Verbindung, von der Robert berichtet, gelingt zunächst nur in der Sphäre des white cube. Aber die Herstellung von Momenten der Sammlung und Stellungnahme auf der Straße sind ein Angebot an die Menschen, die meiner Meinung nach durch auratische Erfahrungen wieder Gefallen an der „ästhetischen und wertorientierten Umweltauseinandersetzung" finden können (Greverus 1987, 92).

52 Die Kuratoren realisierten ihre Idee, den Katalog zunächst mit leeren Seiten zu drucken. Aufkleber mit Fotos der temporären Werke wurden den Käufern später zugesendet und konnten dann in die leeren Flächen des Buches eingeklebt werden.

53 Essentialisierungen werden u.a. strategisch sprachlich genutzt, um eine Sache unangreifbar und unhinterfragbar zu machen.

54 „Das Feld der reinen Kunst funktioniert nach der Logik der antiökonomischen Ökonomie." (Reinecke 2007, 171)

55 Interessanterweise gilt diese Regel ebenso für die passionierte Mitarbeit an subkulturellen Bündnissen.

56 „Trendscout Rik Reinking über Street Art, Kunst als Lebensmittel und beschmierte Hauswände" (Neue Rhein Zeitung, 6. Mai 2007)

57 Siehe auch: Eröffnungsrede des Direktors zur Still on and non the wiser-Ausstellung. Demnach ist Streetart auch „der Versuch, in einer reglementierten und so sehr überwachten Gesellschaft, Spuren der eigenen Identität zu hinterlassen" www.youtube.com/watch?v=mTamXjHfZlo, (Zugriff: 12. Dezember 2007)

58 Der Fragebogen beinhaltete möglichst offene Leitfragen und auch einige Diskussion anregende Thesen, die Raum für persönliche Erzählungen und Einschätzungen bieten. Diese Art der Fragebögen unterscheidet sich von den zu statistischen Auswertungszwecken verfassten und sie erheben auch keine quantitativen Ansprüche. In der Auswahl der Fälle für die Untersuchung steht nicht Repräsentativität an vorderster Stelle, sondern die zu untersuchenden Fälle werden nach dem Kriterium ausgewählt, ob sie neue Erkenntnisse vermuten lassen. Die theoriegeleitet ausgewählten Fallstudien besitzen jedoch beispielhaften Charakter, sie können typische Entwicklungen verkörpern und so kann von den konkreten Geschichten/Fällen abstrahiert werden, um allgemeinere Aussagen im Hinblick auf

eine allgemeingültige Theorie zu treffen (vgl. Grounded Theory bei Glaser & Strauss 1984).

59 „Die Verwandlung subkultureller Zeichen in massenhaft produzierte Objekte und die Verwandlung des Regelbruchs in ein unterhaltsames Schauspiel" (Lindner 1995, 36), ist überdies ein Mechanismus, der sich auf die Erkenntnis geleitete Auseinandersetzung, also auf die wissenschaftliche Analyse von Subkulturen, ausweitet.

60 Die neoliberale Kontrolle und Überwachung von öffentlichen Räumen in der Stadt hat sich mit dem Argument der Sicherheit (gegen v.a. „den" Terror) in den westlichen Industriemetropolen nochmals verstärkt.

61 Auch ideell kann die Ausstellungsrepräsentationzu Zufriedenheit führen, da die Künstler sich an einem Ort und mit anderen Künstlern als ihr repräsentatives Umfeld verorten. Ebenso sind ihre Werke in der Kunstausstellung ja die Erinnerung an Streetart auf der Straße. In Roberts Worten kann die Streetart-Kunstausstellung die Verlängerung und Ausweitung der radikalen Aktion sein und kann bei der Aufweichung und Zersetzung feststehender Grenzen und Kategorien helfen.

62 So ist traditionelle Kunst nicht völlig unabhängig entstanden, sondern innerhalb eines Systems der Bedeutungen geschaffen worden, auch wenn sie nicht als Kunstgegenstände gehandhabt wurden. Jedoch hat die westliche Gesellschaft sehr viel früher die Kunst aus ihrem gesellschaftlichen Lebenszusammenhängen isoliert. Kunst ist jedoch niemals, und das ist gemeint mit der generellen Verstrikkung von Ökonomie und Kultur, rein ästhetisch, da es keine Kunst ohne Inhalt und Gehalt geben kann (vgl. Schmalenbach 1989).

63 Aufgrund seiner sehr weitreichenden Interpretation subversiven Handelns, welches weit in die Sphäre des Konsums hineinreicht (Stichwort: „Der widerständige Konsument") ist John Fiske einer der umstrittensten Vertreter der Cultural Studies. Einen der Kritikpunkte bringt Roger Behrens auf den Punkt, indem er meint: „Fiske reicht allein die Tatsache, dass ein kulturelles Phänomen populär ist, um es als widerständig zu markieren" (Behrens 2003, 201).

64 Besonders in einer Zeit der inkorporierten Kontrollgesellschaft und des Übergang von einer lückenhaften, globalen Macht zu einer kontinuierlichen, atomisierten und individualisierenden Macht, wie dies Michel Foucault ausdrückt. Jeder, jedes Individuum in sich selbst, in seinem Körper, seinen Gesten, wird kontrolliert und kontrolliert sich selbst, so dass die Gesellschaft nicht nur auf globale und massenweise Kontrollen angewiesen ist (Foucault 1999, 181).

[65] Hierzu empfiehlt sich eine Analyse der aktuellen Popstar-Fernsehformate oder auch der mehr und mehr durchrationalisierten Kunsthochschul-Ausbildungen. Die Verschiebung der Künstlerbiographie ist m.E. eine bedeutsame Frage zum Verständnis der derzeitigen kulturellen Situation. Und erneut muss in diesem Zusammenhang die Frage des Exkurses gestellt werden: Wer bestimmt in unserer Gesellschaft eigentlich, was als Kunst anerkannt wird?

[66] Ina-Maria Greverus teilt in ihrem Raumorientierungsmodell die unterschiedlichen Bedürfnisse, die die Menschen an ihre Umgebung stellen, in vier Raumorientierungen auf: das politisch-gestaltende Bedürfnis, der existenzsichernde Anspruch an Raum, und die sozial-kulturelle und symbolische Identifikation mit dem Raum (Greverus 1987, 275f).

[67] Ähnlich in der Wissenschaftswelt, siehe dazu Bourdieu, Pierre: Homo academicus, Frankfurt 1988

[68] Es ist unbedingt zu empfehlen, sich diesen Email-Verkehr genauer anzuschauen, da viele Fragen der vorliegenden Arbeit diskursiv darin verhandelt werden (www.flickr.com/photos/urban-art-berlin/130825102, Zugriff: 23.Januar 2008).

[69] „These are just standard procedures for buying original and rare pieces of ABOVE's artworks" ist zu finden auf der Homepage des Künstlers. Interessant ist die Wechselbeziehung, die durch diese Art des Kontakts stattfindet. So kann das Prinzip der Ökonomie durch den persönlichen Kontakt und dem Kriterium der Sympathie statt demjenigen der Kaufkraft in einem kleinen Rahmen des umgedeuteten Kunstmarkts unterlaufen werden (www.goabove.com).

[70] So wurden die unterschiedlichen KünstlerInnen von mir persönlich auch signifikant different wahrgenommen. Mit anerkannten und von ihrer Kunst lebenden Künstlern wie Daim und Zevs zu kommunizieren war somit eine andere, professionell-geschäftliche, Form des Umgangs im Gegensatz zu dem eher freundschaftlichen Austausch mit den subkulturellen Akteuren Dave The Chimp, Cemnoz, Thekla oder NoLogo.

[71] Grim ist ein Hamburger Streetartist, der mit seinen provokanten, verwirrenden Werken (vgl. Reinecke 2007, 83-88) stellvertretend für all jene Streetartisten stehen soll, die keine Lust haben, zu gefallen. Mit seiner Kunst möchte er auf die Stadt nicht verschönern, sondern auf Missstände der Gesellschaft ästhetisch aufmerksam machen. Wenn ich davon rede, dass ein Diskursraum in der Öffentlichkeit genutzt wird und kreative Kommunikation stattfindet, so schließt dies auch gerade solche kritischen, teilweise erschreckenden, Werke ein.

72 Ich benutze dieses Beispiel, da während der Berliner backjumps-Ausstellung in Jahre 2007 drei weitere, kleinere Ausstellungen anderer Gruppen stattfanden. Die eine war im Rahmen einer alternativen Galerie in Friedrichshain, eine zweite war die von mir dokumentierte Reclaim the city & Überdose-Ausstellung in einer alternativen Galerie in Stadtteil Neukölln (www.tekstil.de) und die letzte, auf die ich hier Bezug nehme, fand innerhalb eines ökonomischen Kontextes, einem Berliner Nike-Store, statt. Für weitere Informationen hierzu: www.akanyc.com

73 Mit dem Denken in Dichotomien versus dem Denken als Kontinuum habe ich mich bereits in dem Artikel *Menschen sind die Stadt* (Willms 2005) befasst. Es geht u.a. darum, dass sich dichotomisches Denken innerhalb von postmodernen Zuständen auf die Menschen einschränkend auswirken kann.

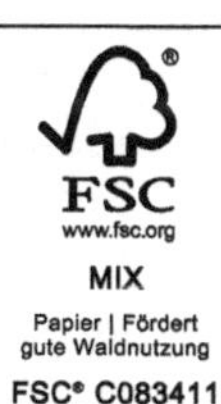

Zeitfracht Medien GmbH
Ferdinand-Jühlke-Straße 7
99095 Erfurt, Deutschland
produktsicherheit@kolibri360.de